格局

企业做大做强的关键

臧其超 ◎ 著

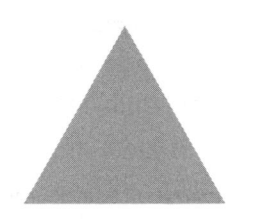

中国财经出版传媒集团
中国财政经济出版社
北京

图书在版编目（CIP）数据

格局：企业做大做强的关键 / 臧其超著 . -- 北京：中国财政经济出版社，2023.12

ISBN 978-7-5223-2571-2

Ⅰ.①格… Ⅱ.①臧… Ⅲ.①企业管理—研究—中国 Ⅳ.① F279.23

中国国家版本馆 CIP 数据核字（2023）第 212838 号

责任编辑：郁东敏　　　　　　责任校对：胡永立
封面设计：济南新艺书文化　　责任印制：党　辉

格局：企业做大做强的关键
GEJU: QIYE ZUODAZUOQIANG DE GUANJIAN

中国财政经济出版社 出版

URL: http://www.cfeph.cn

E-mail: cfeph@cfemg.cn

（版权所有　翻印必究）

社址：北京市海淀区阜成路甲 28 号　邮政编码：100142

营销中心电话：010-88191522

天猫网店：中国财政经济出版社旗舰店

网址：https://zgczjjcbs.tmall.com

北京文昌阁彩色印刷有限责任公司印刷　　各地新华书店经销

成品尺寸：160mm×230mm　16 开　16.25 印张　149 千字

2023 年 12 月第 1 版　2023 年 12 月第 1 次印刷

定价：75.00 元

ISBN 978-7-5223-2571-2

（图书出版印装问题，本社负责调换，电话：010-88190548）

本社质量投诉电话：010-88190744

打击盗版举报热线：010-88191661　　QQ：224279130

导 言
preface

企业老板的传统经营思维是这样的：如何提升企业管理水平，如何让企业更加规范，或者如何找到一位优秀的职业经理人帮助自己管理企业。老板提升管理水平，更多的时候倾向于一种类似治水策略中"堵"的思想，即试图通过规范的管理制度"堵"住员工的不良行为，通过严厉的惩罚制度让员工减少犯错，努力工作。

这种做法尽管在短期内能产生一定的效果，但从长远角度来看却是很难实现初衷的。就像水位一旦超越临界点就可能造成决堤一样，员工一旦被制度束缚，就可能由于才能施展不开而离职。如果情况比较严重，团队崩溃、集体出走也是很有可能的。

因此，企业经营不应该一味使用"堵"的硬性手段，而应该站在员工的角度进行思考，顺应人心，顺应人性，挖掘他们的价值和需求，即采用疏导的方式。疏导的方式往往比过度管制更加有效，更能激发员工奋发向上的状态。

举个简单的例子：为了提升厂区的绿化水平，厂里邀请专业人员在工厂门前铺设了一片漂亮的草皮。可是，不久之后，工厂的管理人员就发现，很多工友下班后都喜欢从草皮上走，漂亮的草皮被踩得不成样子。为了提醒大家注意，管理人员在草皮旁边竖了一块提示牌——"乱踩草皮者，罚款10元"。

没想到，这块立在醒目位置的提示牌并没有起到应有的作用，还是有很多工友从草皮上走。于是，管理人员修改了提示牌——"乱踩草皮者，罚款50元"。结果，从草皮上走的人仍然不少。管理人员再次修改了提示牌——"乱踩草皮者，罚款100元"。罚款金额这么高，这下没人敢从上面走了吧？结果让管理人员大跌眼镜：还是有人敢于冒险！

继续提高罚款金额？恐怕还是会有"铤而走险"者。经过思考，管理人员做出了一个出人意料的决定：找施工队在员工常走的那片草皮上铺上砖头，把它变成一条步行小道。

这样一来，工友们可以继续走近路，漂亮的草皮可以不被破坏，管理人员也不必每天都盯着草皮，还降低了管理成本，可以说是"一举三得"。

作为企业的老板，始终要研究人的需求：从内部来看，老板在研究员工的需求，所以会设计相应的薪酬政策、股权激励、培训制度、绩效管理等方案；从外部客户来看，老板在研究市场的需求，所以会设计相应的营销方案，生产合适的产品去满足客户的需求。

导言

企业经营实际上是一件非常简单的事情：通过一个方案，把一群人聚集在一起，通过相关的产品或服务去满足客户的需求，获得相应的回报，然后按贡献值给予员工相应的酬劳，进而激励大家继续努力工作，继续满足客户的需求……如此不断循环。

所以，企业经营到最后，我们会发现：产品只是一种媒介，企业只是一个舞台，渠道只是一种通道，最终考验的是老板的经营能力和思维能力。老板经营思维提升，企业就能经营好；老板不思进取，企业就会停滞不前。

老板之所以能成为老板，并不是因为他有多优秀，读了多少书，也不是因为他已经具备了成为老板的能力，而是因为：老板有远大的梦想、坚定的信念、宽广的格局；更重要的是，老板敢想敢做，并能在做的过程中不断提升自我。

很多时候，不少中小企业老板在经营企业时，往往并不能抵达企业经营的内核，也很难触碰到企业管理的核心。比如，看到竞争对手给员工涨工资了，就跟着给员工涨工资；看到竞争对手做股权激励了，就跟着去做股权激励；看到竞争对手的产品降价了，就跟着去降价。老板没有掌握经营企业的核心规律，企业经营就会变得非常艰难。

还有不少企业老板觉得员工不在状态，没有动力，认为员工有问题，经常责备他们。殊不知，员工越是被责怪，就越是没有动力，动力消失殆尽就会离职。于是，企业送走了老员工,招来了新员工,但员工没有工作状态的情况仍然没有改变……于是,企业进入了一个恶性循环,以至于老板只能凡事依靠自己,或是依靠少数几个人去带动整个企业的运转。这样一来,不仅老板非常累,企业也很难有好的发展。

那么,到底是什么原因导致员工们不在状态呢?很多时候,团队不在状态,往往是企业机制或企业文化出了问题。重新调整企业机制,或者重塑企业文化之后,管理者往往会发现员工动力十足,并不需要过多的管理。当真正抵达经营企业的内核时,老板就会发现:原来经营企业非常轻松。

为此,老板需要提升自己,需要不断加强自我学习。这就需要老板跳出教条的束缚,掌握经营企业的关键点,站在更高的层次来看待遇到的问题。

不少老板喜欢《孙子兵法》,喜欢用其中的理念来经营企业。其实,孙子之所以用兵如神,并不是因为他读了多少兵法书,掌握了多少用兵的策略,而是因为他能够通过学习兵法,掌握用兵背后蕴含的关键点,能够跳出兵法的条条框框来运用兵法书。赵括熟读兵书,但是,真正上了战场,赵括却因为被兵法的条条框框束缚,造成了长平之战的惨败。

同样的道理,老板作为企业的领导者,在经营企业的时候,千万不能把教化的东西当作本质。任何绝妙的经营管理思想,任何揭示企业经营的核心理念,只有被老板内化,企业经营才会更加顺畅。

导言

　　本书从探讨企业的经营方法入手，着重探讨在企业经营的过程中如何经营人和事，以及老板自我格局提升，帮助老板打通经营思维的任督二脉，让老板跳出企业经营管理教化思想的束缚，从而更好地经营企业，形成适合自家企业的经营管理办法，进而帮助老板打造梦想中的企业。

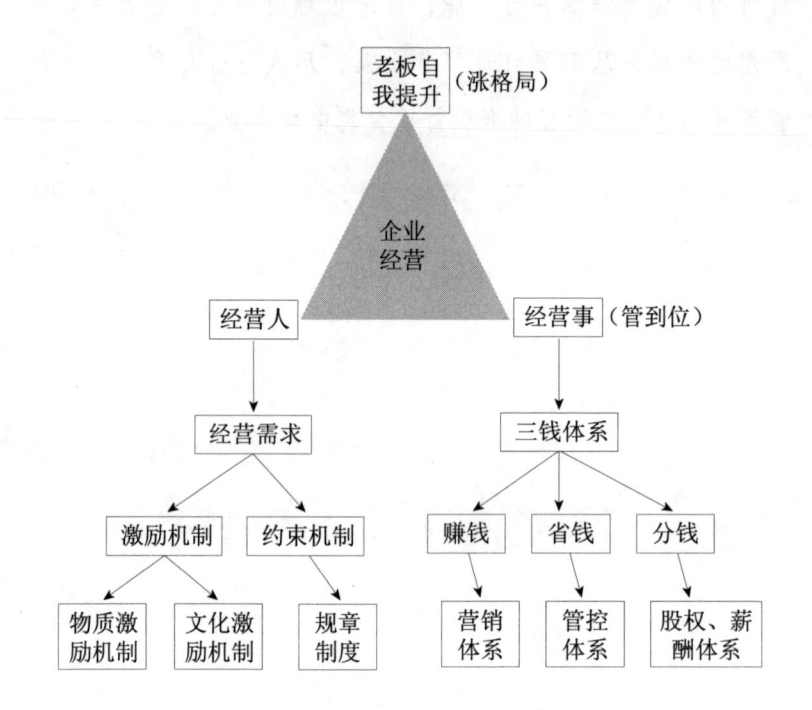

```
                    ┌─────────┐
                    │ 老板自  │（涨格局）
                    │ 我提升  │
                    └─────────┘
                         │
                      ▲
                     ╱企业╲
                    ╱ 经营 ╲
                   ╱────────╲
                  │          │
            ┌─────┘          └─────┐
            ▼                      ▼
        ┌───────┐           ┌──────────┐
        │ 经营人│           │ 经营事   │（管到位）
        └───────┘           └──────────┘
            │                      │
            ▼                      ▼
        ┌────────┐           ┌────────┐
        │经营需求│           │三钱体系│
        └────────┘           └────────┘
          │    │            │    │    │
          ▼    ▼            ▼    ▼    ▼
      ┌──────┐┌──────┐  ┌────┐┌────┐┌────┐
      │激励  ││约束  │  │赚钱││省钱││分钱│
      │机制  ││机制  │  └────┘└────┘└────┘
      └──────┘└──────┘    │    │    │
        │   │     │       ▼    ▼    ▼
        ▼   ▼     ▼    ┌────┐┌────┐┌──────┐
    ┌────┐┌────┐┌────┐ │营销││管控││股权、│
    │物质││文化││规章│ │体系││体系││薪酬  │
    │激励││激励││制度│ └────┘└────┘│体系  │
    │机制││机制││    │              └──────┘
    └────┘└────┘└────┘
```

目 录
contents

CHAPTER 第1章　抓住经营关键点，老板不用干到死

为什么有的老板始终很累，不敢轻易向下属授权？为什么人才难得，很多企业得到了却又留不住？之所以会出现这种情况，就是因为老板没抓住经营企业的关键点。

不懂审时度势，企业必将错失良机 | 003

顺应大趋势，企业经营事半功倍 | 003

抓住经营关键点，企业经营才能顺风顺水 | 008

即使懂得正确经营方略，老板仍旧难免犯错 | 009

提炼、强化成功因子，企业发展再上台阶 | 013

做企业就是在做成功因子 | 014

老板就是创造、拥有成功因子的人 | 016

提炼、强化成功因子的六大步骤 | 017

重视经营突发状况,避免企业"猝死" | 031

快速扩张导致企业"猝死" | 031

经营过于分散导致企业"猝死" | 034

"空降兵"使用不当导致企业"猝死" | 036

"自己人"自立门户导致企业"猝死" | 041

CHAPTER 第2章 | **当好老板的三大关键:经营人、管到位、涨格局**

如何才能走出老板不好当、企业难做大的困境?老板需要颠覆自己的思维模式,根据企业的实际情况随时调整自己的经营政策。就当下而言,当好老板要做好三件事:经营人、管到位、涨格局。

企业经营的核心在于经营人 | 045

经营企业始终是与人打交道 | 046

合适的人尽量放在合适的位置上 | 050

发展阶段不同,经营重点不同 | 055

小企业关注狼性,大企业强调格局 | 056

老板与核心团队的能级决定企业的能级 | 081

发展阶段不同，老板角色不同 | 090

专业户阶段：没有固定的角色定位 | 090

个体户阶段：企业管理者 | 091

公司化阶段：企业经营者 | 091

部门化阶段：战略制定者 | 092

集团化阶段：初级整合者 | 092

产业化、资本化阶段：高级整合者 | 092

CHAPTER 第 3 章 **经营人：经营人的需求，实现企业员工双赢**

经营企业的核心在于经营人，经营人的核心在于经营人的需求。老板需要设计相应的机制，包括物质激励机制和非物质激励机制，去满足员工的需求，激发员工的动力，进而推动员工在追求自我目标实现的过程中，顺带实现企业的既定目标。

经营人的核心就是经营人的需求 | 097

经营人是小企业与大企业的本质区别 | 097

产品、服务只是企业经营的媒介 | 100

企业经营实质上是在经营需求 | 101

设计机制引爆团队，实现企业、员工双赢 | 105

良好的机制可以引爆团队 | 105

机制设计重在顺应员工的需求 | 107

老板设计机制时要有系统性思维 | 109

好的机制要激励、约束并存 | 110

经营环境不同，激励策略不同 | 113

不同市场竞争策略的薪酬政策 | 114

企业不同发展阶段的薪酬政策 | 119

不同销售模式的薪酬政策 | 121

运用股权激励激活高效人才 | 125

植入优良文化，助力企业健康发展 | 141

企业文化是企业经营的核心主张 | 141

企业文化的三个层次 | 143

狼性文化对企业发展意义重大 | 146

植入优良企业文化的三种方法 | 150

CHAPTER 第 4 章 管到位：建立赚钱、分钱、省钱体系，确保管控到位

企业经营就是在解决三件事情：赚钱、分钱和省钱。老板要用营销解决企业赚钱的问题，用薪酬、股权激励解决企业分钱的问题，用团队管控解决企业省钱的问题。老板经营事，必须借助人，所以老板要做的事，就是调动人去完成这三件事。

赚钱：运用营销提升企业业绩｜ 157

做好营销必须踩准市场节奏｜ 158

当代营销要关注客户的感觉需求｜ 165

营销要会推，更要会吸｜ 167

做好企业定位，运用差异化策略赢得客户｜ 169

顺利实现产品销售的三种营销方式｜ 175

分钱：用薪酬、股权平衡企业中钱与权的矛盾｜ 180

七种不同治理模式企业的钱权分布｜ 180

企业股权释放要踩准时机｜ 186

省钱：建立管控体系，提升企业运转效率｜ 192

绩效考核引导员工达到企业希望的目标｜ 193

规范流程让企业管理更高效｜ 197

日常管控提升整体销售表现｜ 202

CHAPTER 第5章 涨格局：老板的高度决定企业的高度

老板是企业的顶层设计师，是企业发展的总规划师，老板能否自我成长决定企业能走多远。所谓好老板，并不在于老板个人业务能力有多强，而在于老板有远大的梦想、坚定的信念、宽广的胸怀，更重要的是敢想敢做。

做老板，思想就要超前一步 | 215

老板比的是梦想 | 216

老板比的是信念 | 217

老板比的是格局 | 219

老板要经营好企业，必须敢想敢干 | 222

老板需要甩开思想的沉重包袱 | 223

老板需要经营自己的胆识 | 224

老板需要经营自己的心境 | 226

老板需要经营自己的信心 | 228

老板需要有危机意识 | 230

老板要成为企业的"头狼" | 232

老板常用的四种领导方式 | 233

老板必须掌握的六大关键词 | 237

优秀企业家的狼性特质 | 239

老板如何成为企业的"头狼" | 241

CHAPTER

第 1 章

抓住经营关键点，老板不用干到死

- 不懂审时度势，企业必将错失良机
- 提炼、强化成功因子，企业发展再上台阶
- 重视经营突发状况，避免企业"猝死"

为什么有的老板始终很累，不敢轻易向下属授权？为什么人才难得，很多企业得到了却又留不住？之所以会出现这种情况，就是因为老板没抓住经营企业的关键点。

不懂审时度势，企业必将错失良机

老板之所以能成为老板，并不在于拥有了多大能力，把握了多少机会，而在于掌握了经营的关键点；企业之所以能做大做强，也并不在于某个人有多厉害，而在于整个企业的经营做到了顺势而为。

顺应大趋势，企业经营事半功倍

世间任何事情都有其独特的存在方式。猪之所以能轻松地飞向天空，是因为它站在了风口的位置，借用了风的力量；人之所以有贫富之分，是因为思维方式与行为方式各有不同。很多表面上看起来偶然的事件，其实可能存在着某种联系。

经营企业也是一样。老板要经营好企业，就必须学会识时、顺势、用势、造势。

> 很多表面上看起来偶然的事件，其实可能存在着某种联系。经营企业也是一样。老板要经营好企业，就必须学会识时、顺势、用势、造势。

识时

俗语说，识时务者为俊杰。这也是大智者的表现。企业老板要成为大智者，就要看到事物发展的趋势，总结过去经历的得与失，做好当下应该做的事，把握未来发展的趋势。

世界潮流，浩浩荡荡，顺之者昌，逆之者亡。孙中山能顺应社会发展潮流，推翻清政府的统治，被国人誉为国父；袁世凯却倒行逆施，称王称帝，注定了悲惨的结局。

越是指挥者，越是领导级人物，就越需要认清局势，冷静思考。一名出色的企业老板比一般人优秀的地方，不在于能力、专业度或勤奋度，而在于智慧，在于能识时、顺势、用势和造势。

顺势

一个铁球从高处滚落下来，往往能形成巨大的撞击力，这是因为铁球拥有了强大的势能；一家企业能够在行业内所向披靡，这是因为企业顺应了行业发展趋势。

我曾经应邀为很多老板做过咨询，结果发现：不少老板的企业都经营得很艰难，总是徘徊在"生死线"上。老板们像老黄牛一样，一个劲儿地拼命向前"拉车"，却把头埋得太低，忘了抬头看天，结果还没反应过来是怎么回事，企业就开始走下坡路。

在此，我请各位老板一定要提起十二分的注意力：经营企业，千万不要用战术上的勤奋去掩盖战略上的懒惰！因为方向错了，一切努力都是"瞎扯"！更严重的是，企业可能因为在错误的方向上行驶太远而导致"死亡"。

这时，顺势而为就显得特别重要。具体到企业经营，就是要制定合适的企业发展策略，即从长远的角度考虑行业发展的趋势，并顺应这一趋势确定企业的发展战略。

用势

几年前，一位做餐饮生意的张老板找到我请求帮助。当时，张老板的事业刚起步，只有一家店。正在他准备大力拓展业务的时候，食品行业爆出了"地沟油事件"，这使得张老板的生意受到严重影响，客流量急剧减少。

针对上述情况，我给出的建议是：改变经营策略，由主打"口味牌"变成主打"食品安全牌"，即无论是名称，还是店面装修、服务，都要体现健康、安全的主题。

很快，灵活精明的张老板就找来了施工队，根据我的建议开始重新装修店面。一番装修过后，餐饮店焕然一新：厨房四面的材料都是透明的玻璃板，以便所有的顾客都能看到厨师如何工作；招牌换成"天天健康食府"；门口还印上了巨大的标语"坚决抵制地沟油，做最健康的食品回馈客户！"……不仅如此，店里还重新制定了卫生标准，要求服务员和厨师工作的时候都必须戴上口罩、帽子。就连每道菜的食材都必须标明具体出处，以便让顾客吃得放心。

很快，"食品安全牌"初见效果，来店消费的顾客开始猛增。就在很多同行都被"地沟油事件"搞得焦头烂额的这一年，张老板的餐饮生意却做上了规模，陆续开了30家分店。更令人欣喜的是，每家分店都收益不菲。

由此可见，会做生意的都是让客户体会到了其所希望的东西，甚至超越客户的期望值。只有这样，客户才会产生购买需求。那么企业是不是一定要对照客户的需求做到尽善尽美，没有一点儿瑕疵呢？当然不是，这里面有个"度"的问题。就像上面的案例，张老板并没有将健康、安全提升到高得离谱的层级，而是让顾客在内心深刻体会到了他们所希望的健康、安全，所以顾客愿意消费。

当然，企业能做得长远持久，还必须在产品、服务上下功夫。因为营销表面上依靠的是技巧，实际上依靠的是实力，而实力之上依靠的是能量，能量之上依靠的就是气场了。

经营到最高境界就是经营一个"势"，管理到最高境界就是管理一个"场"。抓住一个好的趋势，抓住一个有前景的行业，企业可以经营得很轻松。苹果顺应了智能手机发展的潮流，抢先布局，一跃成为智能手机行业的霸主。由此，不难看出，用对势对企业发展意义重大。

造势

当市场没有"势"，企业无法借势时，老板就要学会造势。老板造势的好坏在于能否造好一个"场"，然后借用这个"场"顺势而上。例如，脑白金曾造了一个"场"，将"今年过节不收礼，收礼只收脑白金"的观念送进千家万户，并不断播出，强化记忆，最终形成了强大的购买能力。雷军调动手机发烧友，让他们参与设计、使用、宣传小米手机，营造一个"米粉"的"场"，通过"饥饿营销"调动了广大消费者的购买欲望。

环境能够影响人，造势就是通过塑造一个"场"影响人，改变人们对原有事物、产品等的看法，实现造势者既定的目标。例如，去超市，你发现某一品牌零食正在搞促销，大家都在抢购。这时，你可能也会上去凑个热闹，买上一些。当路边商店放着劲爆的摇滚音乐时，你路过时会不自觉地停留或加快脚步，因为整个"场"在潜移默化地影响着你，进而改变你的行为。

抓住经营关键点，企业经营才能顺风顺水

任何能把事情做好的人都是因为他们抓住了事情的关键点。夫妻关系能经营好，是因为掌握了夫妻相处之道；父母能培养出优秀的孩子，是因为掌握了教育孩子的有效方法。同样，企业能经营好，是因为老板抓住了经营的关键点。

言传不如身教，身教不如境教，境教不如爱教，这是很多事情背后蕴含的一个道理。例如，你把手放在脑门上，去告诉别人把手放在下巴上，结果很多人虽然听到了你的话，却模仿了你的动作，把手放在脑门上。很多老板之所以管理不好团队，是因为没有掌握合适的管理方法，却整天埋怨员工不勤奋、不努力。

那么，到底什么是爱教呢？爱教不是你给他爱，而是让他心中长出爱。比如，一家人一起吃饭，既有你的爸爸妈妈，又有你的孩子。如果吃饭的时候，你总是给孩子夹菜，时间长了，孩子就会觉得理所当然，丝毫不会觉得这是父母爱他的一种表现。也就是说，这是一种错误的示范。但是，如果你总是给爸妈夹菜，时间长了，孩子也会学着给你夹菜。为什么呢？因为你的示范会成为孩子模仿的典范。

带团队也是一样。你敢于成就员工，敢于把全身心的爱给予员工，员工自然也会成就你，给予你回报。当整个团队都愿意成就你时，你就容易获得成功。

现在，不少老板抱怨员工能力差、懒惰、没有动力，创造不出好的业绩。其实，这是因为老板不了解人心、人性，不会用机制去引爆员工内在的激情，没有选择正确的方法来带团队。管理员工就像治水一样，单纯地抱怨、命令就如同采用围堵的方法进行治理，只会越堵灾难越多；而了解员工的真实需求，满足员工的需求，就如同采用疏导的方法治理，会逐步化解水患。

除此之外，还有一点需要特别注意，那就是老板永远不要指望员工感恩。为什么这样说呢？这是因为，如果老板没有提供让员工感恩的价值，员工又怎么会对老板怀有感恩之心呢？并不是每天唱唱《感恩的心》，员工就真的感恩了，这明显是一种误解，老板必须为员工带来价值，才能让员工发自内心地感恩。

即使懂得正确经营方略，老板仍旧难免犯错

方法没学全、没学透

方法没学全、没学透主要表现在学习之后不总结、不使

用、不改变。拿企业管理来说，如果没学全、没学透正确的经营方法，老板的管理就会变得支离破碎，不成体系。这种不成体系主要表现在：只学会了如何管控员工，却不知道如何激励员工，导致员工被管得很死，失去工作动力；而激励、约束的方法都学会了，却不知道如何提升员工的能力、打造企业文化等，导致企业在可持续发展的道路上困难重重。

人生不怕不知道，最怕不清楚自己不知道，更怕以为自己全知道。所以，老板需要加强自我学习，同时要学会学习，完全掌握经营企业的方法，这样才会更轻松。

没意识到环境和适用条件发生变化

没有任何人、任何事是绝对正确的，只有相对的正确，阶段性的正确。企业经营也是如此。比如，有的企业老板没有从自己企业的实际情况出发，就盲目地上马KPI（关键绩效指标），没想到KPI不施行还好，施行之后反而把企业弄得更乱了：员工因为付出和回报严重不符无心工作，企业发展也深陷徘徊不前的怪圈。

当然，我举这个例子的目的并不是说KPI一无是处，企业根本就不应该搞KPI这一套，而是说这种制度不一定适合你的企业，或者当下的情况。在企业经营过程中，要懂得考虑自己企业的实际情况。

企业管理方法永远都是在实践的过程中总结出来的，因而没有哪一种现成的方法完全适合你的企业。任何方式方法发挥作用都是有前提条件的，离开前提条件就很难发挥应有的效用。

认为不是自己的原因

当下不少企业员工流失率高，跳槽情况严重，对企业发展造成了严重的影响。这本该引起老板极大的重视和深刻的反思，遗憾的是，很多老板不从自身寻找原因，却总是认为自己没有遇到好的员工，埋怨员工不忠诚。

这样一味地抱怨并不能解决问题。老板一定要学会自我觉察，自我反省。因为无论是老板也好，其他人也好，最大的敌人就是自己，遇到事情时要多从自己身上找原因。人在不断自省、提升自己之后，将会实现一次又一次的飞跃。

犯错没有征兆

其实，人们犯的错误一般可以分成两类：一类是显性的错误，另一类是隐性的错误。显性的错误往往一出现就会让人立刻受到惩罚。比如，烧红的铁块不能碰，一旦有人去碰了就会被烫伤。而有一些错误犯了之后，受到的惩罚并不会立竿见影。

比如，一个人比较自我，一不开心就大发脾气，很多时候脾气不好不会立刻造成多么严重的后果，但是时间长了，这种人就会被人有意无意地疏远，这个惩罚是慢慢显现的。

再如，一个人不爱学习，可能短时间内弊端不会很明显，但是，不爱学习的人逐渐会发现，自己开始跟不上时代的发展，最后可能会被社会淘汰。

有些老板道理懂的并不少，但可能在实践中有时候会因为不注意而犯了一些错误，从而给自己的企业发展造成阻碍。所以老板们要不断自省，及时检视自己有没有犯了错误而不自知。否则，等到那些小错误累计成大错误，真的影响到企业的发展，恐怕就悔之晚矣。

提炼、强化成功因子，企业发展再上台阶

国内中小企业到底靠什么赚钱？有的靠机会项目，有的靠老板综合各方的力量。赚钱方式不一样，经营方式也会随之发生变化。此外，经营方式不同，经营结果也会不同。

有些企业发展得很好，有些企业却发展得不尽如人意。不过，从总体上来看，发展得好的企业，都是因为其老板掌握了经营企业的关键点。也就是说，他们能够依靠企业的成功因子，将企业持续做大做强。很快消失在行业竞争中的企业，是因为老板没有很好地提炼、强化企业的成功因子。

做企业就是在做成功因子

什么是成功因子呢？根据市场定位，找到合适的客户群，研究并确定客户的需求，结合自身企业的优势，如技术、团队、服务等，规避竞争对手，给定位好的客户提供有竞争力的产品和服务，使得客户满意，重复消费，直到转介绍。这一整套能赚钱的知识、方法、工具、智慧和能力体系的总和叫作成功因子（或者标杆体系、成功体系）。我们平常所说的做企业，实际上就是在做成功因子。

不少企业老板刚开始创业的时候，就是一个老板加上一个主管或经理，带领五六个业务人员，销售一系列产品，能够赚到钱，并且实现持续采购、销售等。在创业过程中，企业拥有的知识、能力、团队等就是成功因子，只不过这时候的成功因子比较弱小，对于行业竞争缺乏抵御的能力。一旦遭遇激烈竞争，企业就会岌岌可危。

因此，无论是处于初创期，还是处于发展期，企业都需要不断强化成功因子。如果能将知识、方法、团队等成功因子逐步沉淀，形成模块，并复制传送，企业就会逐步做大做强。

举个简单的例子。一位老板开了一家美容院，生意不错，每

> 无论是处于初创期，还是处于发展期，企业都需要不断强化成功因子。如果能将知识、方法、团队等成功因子逐步沉淀，形成模块，并复制传送，企业就会逐步做大做强。

月可以获得 5 万元的纯利润。不久，老板开了第二家店，每家店月纯利润 4 万元……当开到第五家店的时候，平均每家店的月纯利润只有 1 万元。而开到七八家的时候，竟然有半数分店出现了亏损。看到这种情况，老板忍痛关闭了经营水平欠佳和亏损的门店。结果，最后又只剩下三家分店。

这位做美容生意的老板遇到的情况并非特例。企业一做大就遇到瓶颈，似乎成了不少中小企业老板心中的一道坎。这是什么原因造成的呢？问题的关键就在成功因子。

具体说来，企业经营出现瓶颈的原因主要包括三个方面：第一，企业没有自己的成功因子，单纯依靠机会赚钱；第二，企业虽然拥有成功因子，但没有对其进行强化，也没有对其进行复制传送；第三，企业没有找准自己的成功因子，复制越快"死"得越快。

寻找、强化、复制自己的成功因子几乎是所有企业的必修课。成功因子就像人体的胚胎和植物的种子，有了第一个，第二个、第三个的出现就会非常顺利，企业就会逐渐壮大。

既然成功因子如此重要，那么到底它是由什么元素构成的呢？一般来说，成功因子主要包括知识、方法、工具、智慧和能力五个方面。

以穿衣为例，天冷了要穿衣服防寒，要穿多少，这就是知识；把衣服打开，先穿左手臂，再穿右手臂，这就是方法；对着镜子穿，这就是工具；知道什么时候多穿，什么时候少穿，这就是智慧；知道从保护好自己身体的角度考虑，能很好地控制自己什么时候穿，什么时候脱，这就是能力！

总之，无论是做饼干生意，做高科技产品，或者做餐饮服务行业，尽管企业形式不同，但本质都是一样的，"做企业就是在做成功因子"。

老板就是创造、拥有成功因子的人

什么是老板？老板不一定是总板着脸训员工的人，也不一定是搞关系、做决策的人，而是创造并拥有企业成功因子的人。职业经理人则是帮助老板寻找、提炼、强化成功因子，并把成功因子模块化、成功实现复制的人。

> 老板不一定是总板着脸训员工的人，也不一定是搞关系、做决策的人，而是创造并拥有企业成功因子的人。

成功因子是老板赚钱的重要保障。但是，真正要把企业做大做强，还要靠老板自己。老板需要深入基层工作，把成功因子总结出来，再把成功因子进行模式化拆分，并将拆分后的工作交给那些还没有掌握成功因子的人去做，为他们提供一份事业或一份可以生存的工作。这才是做老板的根本，是老板对于社会的价值所在。

虽说如此，但并不是每个人都有能力将成功因子提炼出来的。能够从企业经营中提炼出来的成功因子，往往都经历了老板及其团队的反复摸索与总结。没有提炼出成功因子的老板，只能做一点小生意，算不得真正意义上的老板。

成功因子真有那么神奇吗？举个简单的例子。我们常会发现，一些有能力的高管会从自己服务多年的企业"出走"，另立门户，自己创业。这是什么原因呢？原来，这些高管已经掌握了企业的成功因子，掌握了成为老板的秘诀，可以成功地复制这家企业。

也正因为如此，一些深谙此道的老板为了避免核心高管"出走"，一方面设计了更加符合企业实际的激励制度，另一方面也将企业的成功因子拆分成一个个小的模块，让每位高管只负责其中的一个模块。这样一来，即使中途有高管离开，由于其没有掌握企业整体的成功因子，另立门户也会比较困难。

提炼、强化成功因子的六大步骤

企业的成功因子不是凭空出现的，而是经过了市场无数次的洗礼和考验，已经成为企业成功的核心部分。那么老板该如何利用成功因子，将自己的企业做大做强呢？下面，我们从企业成长的六大步骤出发来逐步探讨（如图1-1所示）。

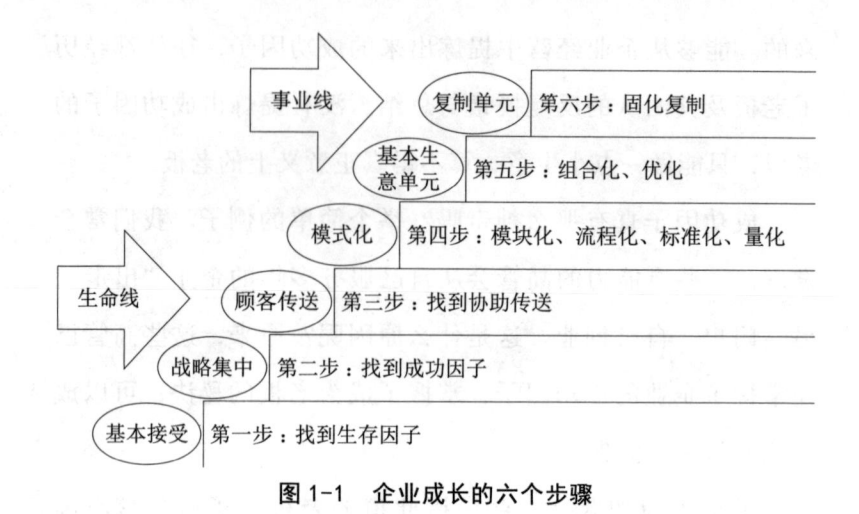

```
事业线 → 复制单元    第六步：固化复制
         基本生
         意单元    第五步：组合化、优化
         模式化    第四步：模块化、流程化、标准化、量化
生命线 → 顾客传送   第三步：找到协助传送
         战略集中   第二步：找到成功因子
         基本接受   第一步：找到生存因子
```

图 1-1　企业成长的六个步骤

找到生存因子

所谓生存因子，就是一家企业最基本的生存元素。例如，在人口比较聚集的地方，方圆两百公里以内只有一家餐厅，那么即使这家餐厅的菜品一般，有需要时，大家多半会去那里吃饭。同样地，方圆两百公里以内只有一家医院，如果有人突发疾病，大概率会去这家医院急诊。因此，这家餐厅和这家医院都拥有生存因子。

> 所谓生存因子，就是一家企业最基本的生存元素。

而一旦有新的餐厅、新的医院加入，新餐厅、新医院可以提供比原有的餐厅和医院更周到细致的服务，那么原有的餐厅和医院的生存因子就会变得非常脆弱。这说明，原有的餐厅和医院生命线不强，企业处于最低层次的竞争水平，随时有可能会被淘汰出局。

什么是生命线？通俗地说，就是有了它，企业就能"活"下来，而且能"活"得比较好。对于企业来说，第一条生命线就是基本满意。什么是基本满意？就是顾客对企业提供的产品、服务感到满足，这种满足感级别比较低。也就是说，企业现阶段的成功因子只能支持顾客最低级别的满意度。

所以，老板需要好好考虑一下：在企业经营的现阶段，顾客对企业的态度如何？是非常满意，还是基本满意？如果是基本满意，代表了什么？代表了顾客一旦找到比自家企业更高级别的产品或服务，就会离开。这也充分表明了，自家企业的生命线还不稳定，最起码在现阶段是不稳定的。

那么基本满意是不是代表有生意可做？当然是！而要做好生意，需要的就不仅仅是基本满意了，还有更多的东西。

找到成功因子

对于企业来说，光有基本的生存因子是不够的，还必须强化自己的生命线，找到企业的成功因子。而要找到成功因子，企业接下来就需要做好战略集中的工作。

> 要找到成功因子，企业接下来就需要做好战略集中的工作。

所谓战略集中，就是指将

有限的资源集中起来,焦点清晰地去做好几件重点的事情。举例来说,人的精力是有限的,企业的资源也是有限的。同样是做生意,有的老板同时操作五盘生意,有的老板只操作一盘,二者哪个会操作得更好一些?在通常情况下,只操作一盘生意的老板可以做得更好。

为什么这样说呢?这里面有个最核心的战略集中问题。具体来说,就是要在顾客购买和享受企业服务的过程中,找到其关注的核心点,然后将资源集中,将这个核心点做到极致。这个从发现核心点到做到极致的提升过程叫作战略集中。

顾客去买东西,在做出决定之前,往往会有几个关注点。比如,价格便宜、使用便捷、品牌信誉度高等。这几个关注点是商家要首先了解的,要集中精力和资源将其挑选出来,并从中选出适合自己经营的,做到极致。至于其他地方,可以慢慢提升。

那么,企业做到什么时候、什么程度,才会获得比较好的效果呢?换句话说,做到何种程度才能找到战略集中,找到企业的成功因子呢?答案是让顾客感到非常满意。顾客感觉到非常满意之后,就会有一个结果出现——决定购买,就会在他们相熟的人群中形成对产品或服务的口碑传送。企业也会从顾客的购买行为中不断进行分析和总结,并对决定顾客购买行为的相关元素进行传送、优化和提升,进而提炼出企业的成功因子。

找到协助传送

做企业往往就是在帮顾客解决遇到的问题，为顾客提供能够满足需求的产品和服务。试问，如果顾客没有遇到问题，他会不会去主动消费？大部分不会。就是因为有问题，有需求，消费才会出现。消费完之后，如果顾客很满意，就意味着他的问题被解决了，他的需求被满足了，他的梦想实现了。这时，如果身边的朋友遇到了类似的问题和困难，顾客就可以将满足他需要的这家企业的产品转介绍给他们。这个转介绍的过程就是顾客传送，而且是一种自然传送，是发自内心的，没有任何强迫色彩。

自然传送这样重要，那么它发生的概率大不大呢？很难说，因为我们无法对单个顾客的自然传送行为进行精确的跟踪和统计。但是，作为企业掌舵人的老板，就要想办法让顾客帮助自家企业去做免费的自然传送。而宣传和营销就是促进顾客帮助自家企业做宣传的有效方法。

曾经国内很有名的广告词"怕上火，喝王老吉！"其实由来已久，却在当年整整一年里多次占据商业广告的头条位置。这是为什么？除了与加多宝的品牌之争引人注目外，更与王老吉积极宣传自家产品形象密不可分。作为商家，如果想要使

> 作为企业掌舵人的老板，就要想办法让顾客帮助自家企业去做免费的自然传送。而宣传和营销就是促进顾客帮助自家企业做宣传的有效方法。

得顾客更快地帮助自家企业实现转介绍，自己就先要主动去推动一下。

如何才能实现转介绍之前的推动呢？有两件事可以做。第一件事，设计出好的广告词、好的宣传语。像"怕上火，喝王老吉"，简单实用，朗朗上口，容易记忆。顾客在品尝之前就会留下一定的印象，而如果品尝之后，认为口感不错，就很容易在某些时刻自然而然地脱口而出，或者推荐给朋友，从而帮助企业实现自然传送。当然，大型企业采用这种方式更多一些，中小企业则较少采用。

对于中小型企业来说，除了广告词之外，还可以传送什么呢？两个字：故事。这就是商家可以做的第二件事了。在这方面，做得比较出色的是海底捞（当然，海底捞现在已经成功地发展壮大了）。他们通过一个送西瓜的真实故事，让顾客深受感动，并不断地宣传，在顾客群中形成了良好的口碑。所以，作为老板，我们可以做的就是帮助自己的企业去创造一些真实又值得传播的事情。

当找到生存因子、找到成功因子、找到协助传送三步顺利完成时，我们就可以将一个岌岌可危的企业做成一家非常有生命力的企业。而这三步也就组成了企业的生命线（如图1-2所示）。企业家可以依靠生命线将企业做强。那么如果企业还要做大呢？答案是要靠事业线。

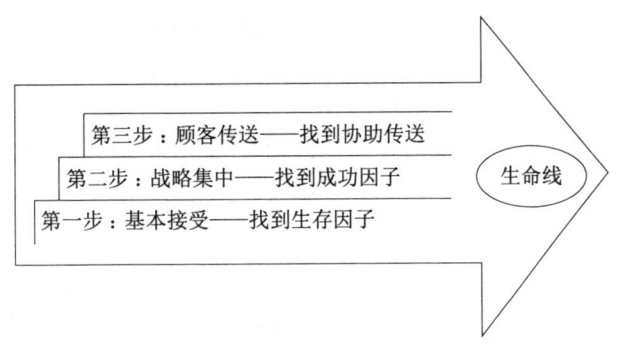

第三步：顾客传送——找到协助传送
第二步：战略集中——找到成功因子
第一步：基本接受——找到生存因子
生命线

图 1-2　企业生命线的形成过程

模块化、流程化、标准化、量化

事业线形成的第一步叫作模式化。什么是模式化？这里所说的模式化就是把生命线上做得很好的东西拿出来复制，把它做大。在生命线中，成功因子是最重要的一套知识结构和系统。所以，在模式化的过程中，首先要做到的一点就是把成功因子模式化。

什么时候才能启动模式化呢？是不是做到客户基本满意就可以模式化了呢？当然不是。因为模式化什么，出来的结果就是什么。比如，制造杯子的模板是破的，那么复制出来的所有杯子就都是破的。

另外，模式化也不能和流程化、标准化画等号。具体来说，模式化主要包括四个过程，依次为模块化、流程化、标准化和量化。对于企业来说，最重要的就是将顾客传送模式

> 模式化主要包括四个过程，依次为模块化、流程化、标准化和量化。对于企业来说，最重要的就是将顾客传送模式化。

化。而要做到这一点，就要先了解做好这件事的大体框架，明白需要做好哪几件事情。也就是说，要实现模式化，第一步要做到模块化。

在模块化的过程中，切忌操之过急，不要还没有学会走，就一下子想学跑，想要一步到位实现流程化。很多企业就是因为太着急实现流程化，反而一下子让自己陷入了困境。究其原因，就是没有将流程化建立在切实有效的基础上。我有一位学员就曾因此遭遇事业的瓶颈。

这位学员在青岛开办了一所职业学校，该校是当地职业教育行业的领头羊。为了保证学校的领先地位，他还专门请了一家专业咨询公司，对学校进行了全方位的流程化、标准化改造。请专门的咨询机构进行指导，采用的是本行业最先进的管理模式，他以为这下肯定没有问题了。谁知，恰恰事与愿违，改造只进行了一年，还没有完成，就不得不停下。就连学校原来的领头羊位置，也差点不保。

痛定思痛，这位学员鼓起勇气加入了我的学习班，并在同学面前勇敢地分享了自己的经历。经过一段时间的学习，他重新思考了之前夭折的改造，找到了失败的真正原因。原来，开始流程化改造的时候，学校还没有实现模块化。也就是说，还没有学会"走"，就盲目地开始了"跑"。这样一来，即使改造采用的是本行业最先进的管理模式，也不会起到应有的作用，甚至还成了学校发展过程中的绊脚石。经此挫折，他终于明白了：要实现学校的可持续发展，就必须先确保模块化的实现，然后才能开始流程化、标准化的进程。

而要实现流程化，就必须重视两个要素：客户和整体目标。模块化完成之后，企业老板还需要从客户的需求出发，促使全体员工为企业的整体目标服务，而不是让员工们只为部门利益或个人利益服务。

当流程设定完毕，经过一定时间的运作，确保流程有效之后，就可以开始下一步——标准化了。没有流程化多年有效运作的基础，标准化是很难实现的。即使是肯德基、麦当劳那样连锁店遍天下的世界500强企业也不能例外。所以，如果我们只是拿出几个月的时间去短暂学习一下，就想将标杆企业的标准拿来为我所用，是很难获得预期效果的。

模块化、流程化和标准化的工作完成之后，老板就可以开始规模复制自家企业的成功经验了，也就是最终的量化。

图1-3就是一家企业模式化实施的过程，它是整个事业经营过程中非常重要的组成部分。为什么这么说呢？只要认真观察，我们就不难发现：在招聘时，企业总是很难一步到位找到适合某个职位的人才。凡是那些能力比较强、应变速度快、抗压能力强的人，总是很难招到。即便招得到，也很难留住。反而是那些能力一般、技术一般的人在企业停留

得比较长久。这样的情况非常普遍，也让很多老板百思不得其解。

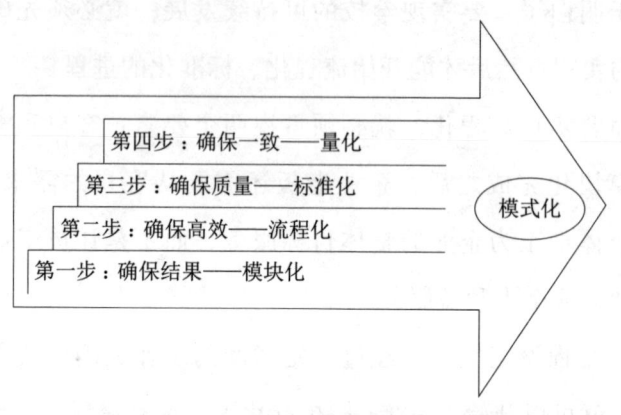

第四步：确保一致——量化
第三步：确保质量——标准化
第二步：确保高效——流程化
第一步：确保结果——模块化

模式化

图1-3　企业模式化实施的四大步骤

其实，这里的秘密并不难破解。如果一家企业找到了一个成功因子，却没有进行系统的模式化操作，这时，老板请来了一位"空降兵"高管，又没有及时做好模式化工作。结果这位高管不仅能够管得住人，还能做得好事。一年下来，企业业绩比他上任之前增长了10个百分点。

"这个高管找得太正确了！看来，很多企业喜欢找'空降兵'是非常有道理的。"很多人都会这样想，但作为企业掌舵人的老板不能。试想，一个来企业只有一年时间的人，面对周围各种不确定的因素，他竟然可以在其中游刃有余，创造佳绩，这本身说明了什么问题？说明了这个"空降兵"具有成为老板的潜质。

这样的人，如果老板没有给予他老板级的待遇，以及老板级的人应有的权力，结果会如何？结果只有一个：他会离开！

当没有真正把成功因子等核心要素模式化，并复制下去之前，企业很难留住真正有能力的人才，留下的反而是那些能力一般的人。作为企业掌舵人的老板，如果今天还在幻想只要请一位或几位"空降兵"就能帮自己解决所有问题，那么我可以明确地告诉大家，这个幻想三五年之后就会破灭。因为当"空降兵"们把所有的问题都处理妥当之后，他们就具备了成为老板的素质，随时可以自己创业做老板。这是企业界放之四海而皆准的真理。

那么到底什么样的人可以做老板？老板的本质是什么？老板是靠什么赚钱的呢？老板赚钱当然靠成功因子。当企业真正要做大做强的时候，赚钱靠什么？靠老板，把一套成功因子总结出来，再把成功因子模式化拆分，然后把这些工作交给那些没有能力成为老板的人，让他们有一份事业或有一份可以生存的工作。这是做老板的根本，也是老板的价值所在，对这个社会的价值所在。

不是每个人都能够创造并提炼成功因子。老板的本质就是把成功因子创造出来，把它模式化，复制给企业的员工，让他们每个人都有一个机会。如果做不到这一点，就不能算是真正的老板，充其量只是凭借自己的小聪明做点小生意而已。

组合化、优化

模式化之后的步骤叫作基本生意单元。什么是基本生意单元？就是成功因子全部模式化之后，几个管理者可以带领一个团队利用这些模式化的成功因子完成一门单独的生意。

比如，在零售终端行业中，一个店铺、一个店面，就是一个基本生意单元；在一个销售团队中，一个品牌商、一个代理商，就是一个基本生意单元；在保险公司中，一个业务团队，就是一个基本生意单元；在工厂中，一条生产线，就是一个基本生意单元。

> 基本生意单元就是成功因子全部模式化之后，几个管理者可以带领一个团队利用这些模式化的成功因子完成一门单独的生意。

今天，一家企业想要实现业绩增长10倍的目标，应该怎么做？到底什么变多了才会让业绩增长10倍？经过一番实践和分析，我们最后发现：要实现这一目标，要么是一个基本生意单元实现业绩增长10倍，要么是创造10个基本生意单元。事情看起来似乎并不难，但我们一定要清楚：一个基本生意单元是有业绩上限的。因此，在提升基本生意单元业绩之前，老板一定要定义清楚，对于自己的企业来说，什么才是企业的基本生意单元。

作为咨询师，十几年来，我见过很多企业将营业额做到几百万元、几千万元之后就再难以实现突破。究其原因，就是企业的老板总是弄不清楚自家企业的基本生意单元是什么。这样一来，企业的成功因子就无法复制扩大，企业的发展壮大也就无从谈起。只有找到了企业的基本生意单元，才会有下一步——复制单元。

固化复制

什么叫复制单元？复制单元就是一群人组合在一起，只做复制基本生意单元的事情。比如，开一家实体店就是一个基本生意单元，企业里专门有一个团队来做复制店、开店、管理店的工作。这个团队的工作就是复制基本生意单元。

那么这个复制基本生意单元的团队到底是一群什么样的人？是企业的核心层、管理层。微软的创始人比尔·盖茨就曾坦言，哪怕把现在所有的东西都拿走，只要把核心的100位员工留下，三五年之后，他仍然可以创造出一个微软。也就是说，在比尔·盖茨心中，能够成功复制微软基本生意单元的是核心团队。核心团队是企业真正的人才。

其实，国内也不乏同样的例子。众所周知，蒙牛的创始人牛根生在创业的时候几乎是一穷二白，唯一拥有的就是200多位支持他创业的、跟着他一起干的伊利前高管。这是些什么人？核心团队！尽管创业之初，牛根生没有其他明显的优势，但是有核心团队。只要有核心团队，就会吸引风投，就会创造一定的机会。所以，掌握复制单元的核心团队，对企业来说意义重大。

没有模式化就无法去复制，不成单元就难以管理。老板需要把企业的具体工作拆解为一个一个的单元，并让员工能够自己独立运作，只有这样才能实现有效的管理。如果企业上下到处都是一团乱麻，复制单元就会变得很困难。缺乏基本生意单元，缺乏核心团队，休想做大企业。尽管有些老板已经将营业额做到了几千万元，但是因为没有核心团队，很难让自己的企业有更好的发展。

讲到这里，大家就明白了企业成长的六个步骤：从基本满意到战略集中，到顾客传送，再到把好的东西模式化，然后定义出自己企业的基本生意单元，再组建企业的核心团队去复制和管理基本生意单元。于是，企业就可以从一个小小的、不成样子的"个体户"变成真正的现代化管理企业。这就是企业成长的基本过程。

重视经营突发状况，避免企业"猝死"

老板在掌握了企业经营的成功因子之后，就可以不断强化复制成功因子，形成基本生意单元；在获得基本生意单元、掌握核心人才后，就可以大规模复制，打造出属于自己的商业帝国。遗憾的是，这只是一种比较理想的发展模式。在企业的具体经营过程中，老板经常会遇到各种突发情况，需要解决各种各样的问题，因此必须高度警惕，才能避免企业因环境变化而在发展中"猝死"。

快速扩张导致企业"猝死"

生命线没有做好，就盲目地快速扩大事业线，会造成企业

> 生命线没有做好，就盲目地快速扩大事业线，会造成企业"外强中干"，从而导致企业"猝死"。

"外强中干"，从而导致企业"猝死"。这样的例子比比皆是。

改革开放40多年，有的企业一路顺风顺水，成绩骄人。但是，大家要知道，我们的企业之所以能够取得成功，是因为当时竞争对手的实力都不强。尤其在改革开放初期，各个领域都存在大量空白，填补空白的重要性大大超过了技术性要求。什么东西一复制就成了"我的"，就可以快速占领市场，取得领先地位，因此不少国内企业养成了快速扩张的习惯。

不过，事情并不是一成不变的。市场会变，客户需求会变，竞争对手也会变。面对这一系列的变化，如果企业没有好方法应对，马上就会"死"。究其原因，还是成功因子没有做好就快速复制，让企业成了一锅"夹生饭"。换句话说，企业本身的成功因子就是有缺陷的，复制出来的所有东西就都是有缺陷的。正因为如此，快速扩张的企业很难抵御市场竞争的"狂风暴雨"。

因为开始时没有明白这个道理，我的一位学员付出了惨痛的代价。他对我说："老师，您知道吗，在2000年之前，我的企业就已经营业额过亿元了，可惜好景不长。到了2005年，我又把企业的营业额做到过亿元了，结果还是倒闭了。现在，我第三次创业，营业额又做到了3000万元。这次再也不能让企业'死'了。"

我问他："你想过企业倒闭的原因吗？"

他回答："前两次创业，选择的行业受政策影响比较大。开始的时候，政策比较宽松，资源、贷款都不是问题，企业做大做强很容易。特别是第二次创业的时候，不到两年时间，我就把企业做到了拥有200多家连锁店的规模。可惜，政策突然间发生了变化，结果市场形势和竞争环境也随之发生变化，我的企业很快从200多家店萎缩成了4家店。"

企业在没有做好生命线之前，就盲目地上马事业线，风险非常大。我的这位学员之所以一再遭遇企业倒闭的打击，就是因为他心中很着急，很害怕市场被别人抢先一步占领了，自己失去机会。但是，如果自己还没弄懂，盲目上马只会"欲速则不达"。

对此，二次创业的巨人创始人史玉柱深有感触。他说："试销市场快步走，全国市场慢步走。"意思是说，老板需要不断测试自己企业的成功因子，做好企业的生命线，但不要盲目求快。只有把生命线全部做好之后，才能进行完美的复制，才能做好事业线。

著名的连锁酒店——如家酒店就遵循了这一核心规律。如家在探索企业生命线的时候，就曾经用一年半的时间在北京的地下室为设计方案做了一个模型，并对模型进行反复分析研究，没有十万火急地上马复制。

麦当劳刚进入中国市场时，也成功遵循了这一核心规律。当年，麦当劳用三年时间只做了三家店。是它没有能力复制吗？当然不是。那为什么三年才开三家店呢？恰恰是因为麦当劳深谙企业经营的核心规律。在大规模复制之前，麦当劳进行了细致的准备。

首先，麦当劳深知自己是一家外来企业，尽管自己的成功因子在欧美各国均得以成功复制，但是否适合中国这块新土壤仍需要进一步测试。于是，麦当劳在中国不同城市的不同地段开了三家店，看看中国的顾客是否接受这个"外来的和尚"。

其次，麦当劳利用三年时间培训了一大批人才。参加过相关培训的麦当劳（中国）的早期员工曾告诉我，在管理中心里面，所有人都在拿着塑胶的汉堡演练所有的流程，直到准备好了才开始铺开复制。目前，麦当劳在中国的连锁店已经超过5700家。这5700多家店就是这样复制而来的。

经营过于分散导致企业"猝死"

一些企业既有不错的资源，又有能力出众的人才，但总是"棋差一着"，不是做不好，就是做不大。这是为什么呢？因为他们没有做一项叫作"战略集中"的工作。

第 1 章
抓住经营核心关键点，老板不用干到死

大家都知道，苹果公司现在业绩很好，截至 2023 年 6 月，市值已达 3 万亿美元。即便是如此强大的公司，也有一段时间业绩严重下滑，面临重新洗牌的窘境。当时为了度过危机，1997 年，创始人乔布斯回归公司，乔布斯就对公司现有的运行项目进行了盘点，结果发现正在做的项目竟然有 27 个之多！这简直太要命了，到底哪个项目才是重点，哪个项目才应该动用公司的优质资源？

于是，乔布斯用三个月的时间对公司进行了整顿。他将正在进行的 27 个项目都请上了"黑板"，逐个分析这些项目的前景。一番分析整顿之后，27 个项目中的 24 个被"砍掉"，只剩下了 MP3、手机和电脑 3 项。确定了核心发展项目之后，苹果公司完成了战略集中，也完成了优质资源的分配。很快，苹果公司的市值再度攀升，公司生产的 iPhone 手机风靡全球。

跻身世界 500 强企业的苹果公司，因为没做好战略集中，也差点中途"死去"。作为企业掌舵人的老板，不能掉以轻心了。

前段时间，我在进行培训的时候接触到了这样一位学员。他对课程非常感兴趣，下课之后兴奋地拉着我讨论，还十分有礼貌地递上自己的名片。我接过来一看，名片上赫然显示，这位学员是七八家公司的董事长或总经理。我问他："这么多家公司，你忙得过来吗？"他告诉我："老师，最近我不光忙，

工作压力也挺大的。别看我是七八家公司的董事长、总经理，其实这些公司并不是家家都赚钱。到目前为止，真正能赚钱的有两家，业绩持平的有两家，有三家一直在亏损。我每天都在为亏损的公司发愁。现在我等于是在拿着两家赚钱公司的利润去养三家亏损的公司。"

用赚钱的公司去养亏损的公司，这样做真的能保持这七八家公司在整体上是盈利的吗？很难说！更多的时候是得不偿失的，老板做得很辛苦，公司经营却没有什么起色。这位学员的经历是国内很多老板经历的缩影。总而言之，企业经营过于分散，不能做到战略集中，经营就会遇到很大的困难。

"空降兵"使用不当导致企业"猝死"

有一年，我去参加一个企业家论坛。会议间隙，一位老板找到我大吐苦水："老师，我现在感觉特别痛苦。本来，我的企业做得还不错，为了更上一层楼，我从外面高薪'挖'来一位高管。开始，我是这么想的：请一位高管，虽然要支付100多万元的年薪，但企业可以做得更好，也是非常值得的。

"没想到，他来了之后，仅仅一年时间就把我的企业折腾得乌烟瘴气的。现在他拍拍屁股走了,我还得收拾烂摊子。企业的现金流出现了问题不说,最要命的是士气受到了很大影响。特别是企业的其他高管,对他非常不服气。他们找到我,说'企业现在被那个人搞得乱七八糟的,他还拿了100万元年薪走人了。我们每天兢兢业业,只能拿30万元。这太不公平了!'……"

这位老板的遭遇并不罕见。还有不少老板都有过和他类似的遭遇。如何才能避免"空降兵""搞死"企业的事情呢?关键在于,老板必须搞清楚一点:高管在一家企业中到底要发挥什么作用。毫无疑问,是让企业变得更好。这是老板聘请"空降兵"的初衷。那么,"空降兵"如何做才能让企业变得更好呢?这就涉及聘请高管的标准了。

在具体的经营活动中,每家企业有每家企业的特性,每家企业的成功因子都有自己的独到之处。去外边聘请一位高管来,他之前所在企业的成功因子能和现在企业的成功因子一致吗?很难!即便是同一行业,大企业的成功因子和小企业的也不一样。

当然,最大的问题出现在这位高管来到现在的企业之后。而且,既然是请高管,是从更大更好的企业里请,还是从普通的企业里请?通常情况下,选择前者的居多。老板请这样的高管过来,是一种什么心态呢?企业做到一定程度,已经出现瓶颈了,想要请一个能干的高管过来,让企业更上一个台阶，同时老板自己也可以轻松一点。

不过，这只是老板的美好愿望。实际效果如何完全取决于"空降兵"高管的做法。那么这位"空降兵"高管又会是什么心态呢？他从一家实力雄厚的大企业来到一家规模不大的小企业，很容易生出居高临下的感觉。不少"空降兵"会把自己当成新公司的"救世主"，觉得同事们什么都不懂，只有自己才可以解决一切问题。更需要注意的是，他可能会在新公司照搬自己在大企业工作时的那套成功因子。

这时候，麻烦就来了。企业里的其他人员，从高管到普通员工，使用的都是自有的成功因子。于是，冲突出现了。企业员工会告诉"空降兵"高管："企业的实际情况不是这样的。""空降兵"高管则会说："你们不懂，还是按我说的来。"……几个回合之后，企业运行就开始出现问题了。不久之后，老板从相关汇报中知道了这个结果，也知道了双方的分歧。

双方都希望得到老板的支持。这时候，老板会支持谁呢？很多时候，会支持"空降兵"高管。为什么？老板之所以请他来，就是想要改变企业，当然要先支持他的见解。可是，半年或一年之后，如果业绩没有如老板所愿突飞猛进，老板就会逐渐倾向于支持老员工了。此时，痛苦就产生了。

当然，举这个例子的目的，并不是告诉各位老板不要请高管。请还是要请，但是要搞清楚两个问题：第一，请"空

第1章
抓住经营核心关键点，老板不用干到死

降兵"的决策点在哪里；第二，老板最重要的工作是什么。老板最重要的能力是决策能力。请高管来就是要复制生意单元，并创造更多的生意单元。因此，老板请高管来，要给他一定的决策权。

那么，什么样的职业经理人才是适合企业的高管呢？一个真正成功的高管具有两个突出的特征：第一，成熟；第二，肯"下场干"。其中，成熟是聘请高管时最重要的衡量标准。如果这位高管比较成熟，就不会像上面例子里提及的高管一样以拯救企业为己任，而是到达新企业之后先了解情况。

> 一个真正成功的高管具有两个突出的特征：第一，成熟；第二，肯"下场干"。

肯"下场干"是衡量"空降兵"高管是否称职的另一个重要标准。世界一流企业的CEO、一流企业的老板，都愿意"下场干"。一位职业经理人先是在福特公司工作，后来去了克莱斯勒公司。他去克莱斯勒公司的第一件事，不是躲在办公室里描绘宏伟的战略蓝图，而是直接跑到经销商那里去，跟经销商说"我来为您免费打工三个星期，好不好？"。三个星期之后，"空降兵"高管回到总部，对公司的情况有了基本的了解，那时再做出来的计划或规划就非常符合公司的情况。

为什么要"下场干"？愿意"下场干"，才会将自己过去的成功经验与这家公司的现实情况结合起来，才会在原有成

功因子的基础上进行有效的提升。很多职业经理人一到新的岗位,就觉得别人那套不对,全部要换,这是完全不成熟的表现。

既然高管要成熟和"下场干",那么老板要不要做同样的工作?当然要!很多老板创业阶段非常勤劳,很快就把企业做到了几千万元的规模。巨大的成绩让他出现了误判。在他看来,企业终于到了可以松一口气的时候了。可以请一位职业经理人来管理企业,自己可以去钓钓鱼、游山玩水,放松一下。

事实上,企业发展到一定规模之时也是企业生死攸关的时刻。盲目乐观、盲目放松,只会给老板和企业带来危险!我的一位学员就曾有过企业发展到一定程度、自己可以好好歇歇的想法,也请了总经理,为自己安排好了行程。但当他意识到自己和企业可能面临的危机之后,马上又取消了原来的安排。

那么,是不是老板就应该事事亲力亲为,不应该请高管、总经理这些职业经理人帮助自己呢?当然不是。职业经理人要请,但请的同时老板必须把握好四个前提:第一,请来的职业经理人一定要成熟;第二,弄清企业处在哪个发展阶段,是否适合现在扩张;第三,请来的职业经理人一定要具备让企业腾飞的能力;第四,老板要帮助职业经理人熟悉企业,融入企业的环境。

做到以上四点的老板才能称得上是一位成熟的老板。如果随便请一位"空降兵"过来,老板既不自己"下场干",也不去帮他,那么企业被"空降兵""搞死"的概率就很大。

"自己人"自立门户导致企业"猝死"

另外,企业也要注意防御竞争对手的阻击。我们发现,不少企业高管一旦掌握了企业的成功因子,就会出现离职、自己创业的现象。他们很容易就把企业做起来了,然后成了原来老板的竞争对手。

因此,企业一定要防范这种情况,将企业成功因子模块化后让高管去具体管理某一模块。当然,这只是方法之一。企业可以对核心高管进行股权激励,激励并约束优秀人才,降低高管离职的概率。

重点提示

为什么有的老板始终很累,不敢轻易向下属授权?为什么人才难得,很多企业得到了却又留不住?之所以会出现这种情况,就是因为老板没抓住经营企业的关键点。要想做有钱又有闲的老板,就要懂得抓住经营的关键点，顺应大趋势，提炼并强化企业成功因子，同时要提防经营中的突发状况，避免企业"猝死"。

CHAPTER
第 2 章

当好老板的三大关键：
经营人、管到位、涨格局

- 企业经营的核心在于经营人
- 发展阶段不同，经营重点不同
- 发展阶段不同，老板角色不同

如何才能走出老板不好当、企业难做大的困境？老板需要颠覆自己的思维模式，根据企业的实际情况随时调整自己的经营政策。就当下而言，当好老板要做好三件事：经营人、管到位、涨格局。

企业经营的核心在于经营人

老板经营企业,要处理好与两类人群的关系:一是企业员工,即企业的内部客户;二是真正的客户,即企业的外部客户。

针对内部员工,老板需要激发员工的动力,让员工按照企业希望的方向做事,完成设定的目标。因此,老板需要研究内部员工需要什么,如何思考,如何激发他们,如何提升他们的能力顺利完成预定的任务,达成目标。为此,老板需要设计相应的薪酬体系、绩效体系、人员培训体系、文化体系、股权激励等方案。

针对外部客户,老板需要分析客户的需求是什么,如何

> 老板经营企业,要处理好与两类人的关系:一是企业员工,即企业的内部客户;二是真正的客户,即企业的外部客户。

设计更好的产品或服务来满足他们的需求，如何让他们在企业的平台上持续消费企业的产品。因此，老板需要设计相应的客户关系管理体系、销售技巧体系、经销商管理体系、终端销售体系等方案。

经营企业始终是与人打交道

回到原点，老板经营企业始终是在与人打交道，老板关注的核心点在于人们是如何进行思考的。

人是感觉化的动物

会卖的卖感觉，不会卖的卖功能！同样是一块手表，为什么有的只能卖几百元，有的能卖几千元，而有的能卖几万元甚至几十万元呢？能卖到几万元、几十万元的手表，已经脱离了卖功能的级别。很显然，商家为这块表注入了时尚感、前卫感、尊贵感等。当商家将感觉卖给客户的时候，它就能有高价了，商家正是利用了这一运作规律，顺利实现产品的高价销售。

人是视觉化的动物

俗语说，眼见为实，耳听为虚。比起商家绘声绘色的描绘，客户更习惯于相信自己亲眼看到的。当商家滔滔不绝地向客户介绍产品，描绘了一些性能后，如果始终没有一个实实在在的产品让客户看到，那么遭到客户的拒绝就是必然的。既然如此，我们不如把好的一面让客户看到、感觉到。这就像卖房子一样，滔滔不绝地说了一堆，还不如带客户去亲眼看房感受一下，这样客户更愿意购买。

人是有注意力的动物

人是有注意力的动物，注意到什么，就会比较关注什么。一句广告语反复出现在面前，我们就很容易把它记住了。

人的感觉会被注意力影响。比如，一名工人将手划破了，他并没有注意到，还是继续工作，也不会有疼痛的感觉。休息的时候，他看到了血迹，发现自己手被划破了，迅速体会到了疼痛。

我曾经看到这样一个创意：夕阳刚刚沉入地平线，城市的广场上就聚集了很多休闲的人。广场中间摆放了十几辆脚踏发电车，非常显眼。一名游客上去踩了几下，一束白光迅速向前蹿出，犹如闪电。很快，第二名游客也上去踩，同样发出一束白光……不一会儿，脚踏发电车迅速被游客占领，十几束白光将前面20米处墙壁上的投影屏幕（LED）照亮。

这时候，LED上竟然出现一名身材苗条的美女。她随着游客踩动脚踏发电车的节奏而不断跳出各种各样的舞蹈。美女的出现迅速吸引了广场上所有人的目光。当大家围观时，LED 上的美女开始化妆。

这竟然是个化妆品广告！这个广告做得非常成功，其最引人入胜的地方就在于，充分吸引了观众的注意力，调动全场气氛，并在最后将观众注意力引导到化妆品广告上，迅速"秒杀"全场。

可见，引导注意力可以成为商家追求的一种经济方式，它是实现产品购买的重要一环。

人是习惯性的动物

人们喜欢按照自己习惯的方式去生活，而不喜欢改变。尽管人们喜欢追求新奇的东西，但是其思维方式和行为习惯很容易左右现在的行为方式。为什么流水线上的工人工作速度那么快？因为他们长年累月都在训练这一个动作。

真的是这样吗？如果还是对此心存怀疑，那么让我们一起来看一个更直观的例子。比如，一个人想学篮球，把姚明请过来当教练。姚明非常认真地向这个人传授了自己的篮球打法，这个人也认认真真记录了好几本笔记。几天之后，姚明走了，这个学篮球的人去篮球场实践他教的打法，结果发现自己一直在场边徘徊。这是什么原因呢？如果没有好好训练自己打篮球的习惯性动作，即使自己脑袋中有再多的篮球知识，也是没办法打好的。

同样，企业经营也要顺应人的行为习惯。例如，在日本，汽车驾驶位都在右边，日本汽车企业要进军中国汽车市场，就必须把驾驶位设计在左边。中国人有中秋吃月饼的习俗，那么商家就得在中秋节前提前准备。假如我们用电脑用了十来年，一直用的是 Windows 操作系统，这时突然换一部 iOS 操作系统的苹果电脑，很多人就会不知所措，不知道怎么使用了。因此，产品营销要顺应客户的习惯，满足客户的需求，才能获得更多客户的青睐。

人们都喜欢占便宜

一般来说，人们都喜欢占便宜，而不喜欢被占便宜。比如，商家想把一件产品以 800 元的价格卖给客户，最后双方以 400 元的价格成交。这时，客户会觉得占到了便宜。基于这种方式，商家会设计各种各样让顾客感觉占了便宜的方式，如赠送、打折、抽奖、促销等。

当然，上述方式用得频繁了，人们就可能体会不到占便宜的感觉了。这时候，商家需要思考更多新的方式，而且这些方式最好能超出顾客的期望。在这方面，海底捞做得比较到位。其最典型的案例就是流传甚广的"送西瓜"的故事。

事情是这样的：一位顾客去海底捞吃饭，用餐完毕，还剩下一小块西瓜没有吃完。因为西瓜比较美味，深得顾客喜欢,又本着不浪费的原则,顾客要求服务员打包。服务员回答,切开的西瓜不能打包,会影响品质。于是,顾客就准备结账离开。没想到,等顾客结完账后,服务员抱着一个完整的西瓜送过来,并告知没切开的西瓜可以免费带走。顾客大感意外,当场"中风"。

当然,这里说的"中风"并不是真的发病,而是指商家服务大大超越了顾客的期望值,让顾客体会到自己真正占到了便宜。这样到位的服务会不会吸引顾客再次光临?肯定会!

合适的人尽量放在合适的位置上

在评估自我的过程中,人们往往容易高估自己、贬低他人,因此需要根据能级分类(后文有详解)做一个客观公正的判断。这样一来,老板就会对员工处于哪个能级水平心中有数,就可以在接下来的环节中因人制宜,采取适合的管理方式。

下级干得好来自上级规划得好

了解到能级概念之后,我们就会发现,原来管理过程中还有很多自己过去看不见或者没有注意到的问题。不同能级的人创造价值的方式是不一样的,我们了解到这些之后,就

第2章 当好老板的三大关键：经营人、管到位、涨格局

会消除管理中的一些疑惑。

有的员工在一个部门工作一段时间之后没有取得什么成效，换了个部门却做出了突出的业绩；有的员工在这里做得不错，换个环境却业绩不佳……之所以会出现这样的情况，就是因为不少人只盯着这个员工在做些什么，而不去发现他的上级帮他解决了什么问题。

下级干得好，是因为每一个上面的能级都很尽职，做得都很到位，他会把自己应该处理的事情处理好之后再交给下级，让下级有能力通过努力将这件事处理得更好。经营级解决了方向和定性的问题，管理级就能设计出更好的方案和流程系统；管理级设计好系统，主管级就可以直接拿着系统到现场去执行；当主管级将执行的活动按照流程分解之后，职员级就能按照流程来做事，并通过改善相应的流程来形成相应的结果。

> 下级干得好，是因为每一个上面的能级都很尽职，做得都很到位，他会把自己应该处理的事情处理好之后再交给下级，让下级有能力通过努力将这件事处理得更好。

正是因为有大家的支持，企业才可以创造出喜人的业绩。正是因为有了良好的大环境，企业才能有更好的生存和发展环境。

能级错位导致企业运行不畅

在日常经营中，中小企业常会出现人员能级错位的问题，即老板已经提升到了经营级，但他的下面只有主管级员工和职工级员工，没有管理级的人才。这样一来，老板就无法看清管理级员工的价值。而企业发展到一定阶段，管理级员工的缺位会造成企业管理系统不持续、不完善，老板也会特别累。

> 企业发展到一定阶段，管理级员工的缺位会造成企业管理系统不持续、不完善，老板也会特别累。

经营级员工领导一个主管级员工，中间少了一个管理级员工，就开始出现沟通障碍；如果经营级员工领导职工级员工，中间少了两个能级，则根本无法沟通。经营级员工讲的话职员级员工根本听不懂，主管级员工非常吃力才能听懂，管理级员工则可以很容易地理解。

中间缺一个管理级员工的时候，老板就必须做出选择。要么老板下一个级别，去设计流程、策划方案；要么老板不降级做方案，让主管级员工提升一个级别。不过，有相当一部分被动成长的主管级员工很难完成向管理级员工的提升。

我有一位学员就有这样的经历。她愁眉苦脸地告诉我，她差不多有两年的时间都没有休假了。原因是这样的：这位学员的老板属于比较厉害的经营级，甚至有一点点战略级的感觉,而这位学员学习了能级理论之后,认为自己属于高级主管的水平。根据是:每次老板安排下来工作,她完成得都很吃力,对设计流程不在行,也没有很好的方案。自己吃苦受累不说,还总被老板批评。通过这次学习,她决定回公司之后就向老板建议去招聘一位管理级员工。

所以,并非每个员工都可以实现无限升级。当员工升到自己目前的能力无法胜任的位置时,也会非常痛苦。

用高能级的员工做低能级的工作,不仅没有效率,还会埋没人才。而让低能级的员工做高能级的事情,对员工也是一种折磨和考验。员工能级与岗位相匹配,才能收到很好的效果。

能级错位或重叠,也会影响企业的发展。从前有一个人喜欢千里马,于是就买了两匹回来,放到一个马棚里面喂。没想到,只过了一个多月,两匹千里马都瘦了。这个人非常伤心,就去请教一位养马专家。养马专家听说之后,就随着这个人来到他家里。一看,专家就笑了:"哪有人像你这样养千里马的?千里马都是很高傲的,不能在一起养,因为它们吃东西的时候会互相踢。"这个人听了,马上就把两匹马分开养。果然,没过多久,两匹马都变得膘肥体壮。

养马如此,老板经营公司也是如此。如果管理级员工都挤在一个部门,或者主管级员工都挤在一个部门,部门的整体业绩也很难有大的起色。但是,当把他们分配到几个不同的部门之后，新部门的业绩却会节节攀升。当然，这种"分槽"管理对于员工本身的能力也有一定要求，达不到这一要求的员工还必须放在一起管理，这样反而更能提升效率。

发展阶段不同，经营重点不同

为什么有的企业做到一定阶段就停滞不前，甚至倒退了？为什么老板总是很苦恼，企业总是不能如愿做大做强呢？为什么以前的成功经验现在一点儿也派不上用场了？

这是因为，处于不同阶段的企业有着不同的特点。老板如果不能针对企业发展变化的形势，对其进行相应的调整，企业就可能永远做不大。老板的能级水平如何，决定了他能够经营多大规模的企业。因此，老板要想把企业做大，还需要不断提升自我。

> 老板的能级水平如何，决定了他能够经营多大规模的企业。

小企业关注狼性，大企业强调格局

企业老板要想成为顾问式总裁，成为企业发展的教练，就必须明白自己经营了一家什么样的企业，企业处在一个什么样的发展阶段。就现实情况而言，在企业发展的不同阶段，老板的关注点会有很大的差别。一般来说，中小企业老板更关注在企业内部建立狼性文化，而大型企业老板更需要格局。

专业户、个体户阶段的老板最关注的是销售，因为生存是压倒一切的根本；当企业进入公司化、部门化阶段，人员管理、分酬机制就被提升为重要的议事日程；当企业进入集团化、产业化、资本化阶段，社会责任就变得越来越重要。

以往的企业能级划分多以规模大小为依据，这个标准虽然比较简单，容易理解，但是过于笼统，不利于进行标准化和量化的操作。现在，在此基础上，我将企业发展能级进行细化，把企业划分为七个能级，具体如图2-1所示。

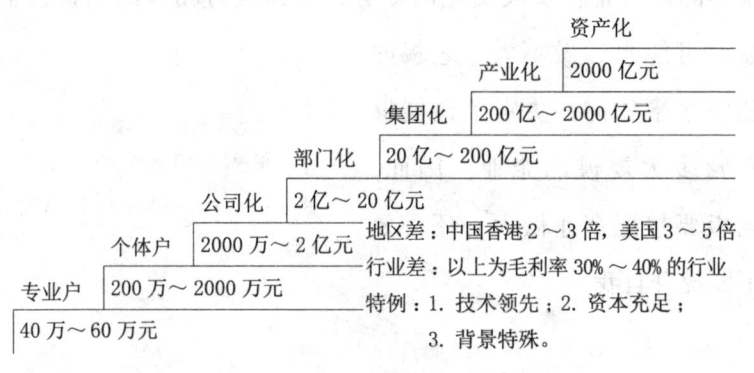

```
                                              资产化
                                       产业化  2000亿元
                                 集团化  200亿～2000亿元
                           部门化  20亿～200亿元
                     公司化  2亿～20亿元
               个体户  2000万～2亿元     地区差：中国香港2～3倍，美国3～5倍
                                       行业差：以上为毛利率30%～40%的行业
        专业户  200万～2000万元         特例：1.技术领先；2.资本充足；
        40万～60万元                          3.背景特殊。
```

图2-1　企业发展的七个能级

专业户阶段

专业户阶段，顾名思义，就是老板有一定的专业，并亲自上阵开展工作。这一能级的企业一般是一个工作室、一个店面，或者一家刚刚成立的公司。老板需要想方设法让企业活下来，摆脱眼前的困境。专业户阶段企业的主要特点如表2-1所示。

表2-1　专业户阶段企业的主要特点

专业户阶段	特　　点
谁　干	老板亲自上阵，服务客户，做到客户满意，实现转介绍，能让企业活下来
能　力	体现在老板身上
办公情况	一个工作室、一个店面或者一家刚成立的公司
人　数	老板加上两三个员工
营业额	一年营业额40万～60万元
力　量	弱
老板干	做出成功因子
老板累	所有事都与老板相关

此时，企业组织结构非常扁平，一般是一个老板带领两三个员工，工作在一线。老板既是总负责人，又是人力资源总监、财务总监、营销总监，还是最主要的销售人员。专业户阶段的企业组织架构如图2-2所示。

专业户阶段，企业管理非常简单，老板需要想方设法找到企业的成功因子，并壮大成功因子。例如，老板开了一家餐饮小店，自己当厨师，同时带了一两个服务人员。老板既需要出来迎接顾客，又需要掌勺，还需要收款做账等。此时，企业的成功因子可能在厨艺。因此，成功因子要壮大，门店要发展，就需要寻找更多的厨师。

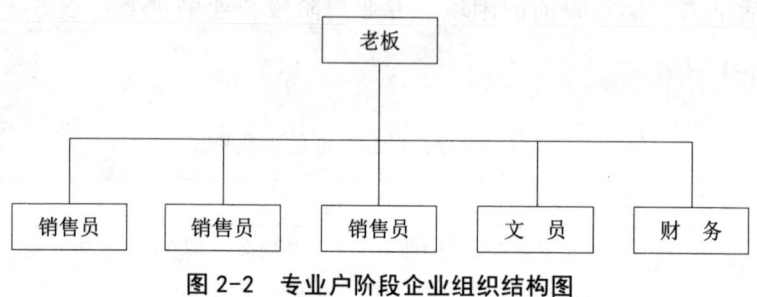

```
                    ┌─────┐
                    │ 老板 │
                    └──┬──┘
    ┌──────┬──────┬────┼──────┬──────┐
┌───┴──┐┌──┴───┐┌─┴────┐┌────┴─┐┌───┴──┐
│销售员││销售员││销售员││ 文员 ││ 财务 │
└──────┘└──────┘└──────┘└──────┘└──────┘
```

图 2-2　专业户阶段企业组织结构图

专业户阶段，老板用人的关注点是员工是否听话、忠诚。此时，亲友往往成为最佳人选。由于企业或门店规模小，各方面条件不佳，很多人不愿意进入这样的企业工作，认为即使入职了，也很难发挥出自己的才能。此外，一些大企业高管出身的创业者，往往不大喜欢这种"裙带"关系。结果，招来的新人由于对各种条件不满，忠诚度较低。于是，创业者们吸取了教训，开始依靠亲友的支持创业。

> 专业户阶段，老板必须亲自下基层干活。因此，这一时期的管理更多的是一种自我管理。老板需要提升沟通、销售、自我调整和自我激励等多方面的能力。

专业户阶段，老板必须亲自下基层干活。因此，这一时期的管理更多的是一种自我管理。老板需要提升沟通、销售、自我调整和自我激励等多方面的能力。

专业户阶段，做事情的根本在于产生生存因子，寻找成功因子。由于资源有限，老板必须集中资源和精力，想方设法让企业"活"下来，同时慢慢发展壮大。

个体户阶段

个体户在大家眼中是最小的企业，年产值在 200 万～2000 万元。个体户阶段的企业人员不多，老板带着几个管理者就把企业给做起来了。另外，每位管理人员下面又有几位工作人员。我们把"管理人员＋工作人员"的团队看成一个生意单元。个体户阶段的企业如果规模稍大一些，可能会有两到三个生意单元。其组织架构具体如图 2-3 所示。

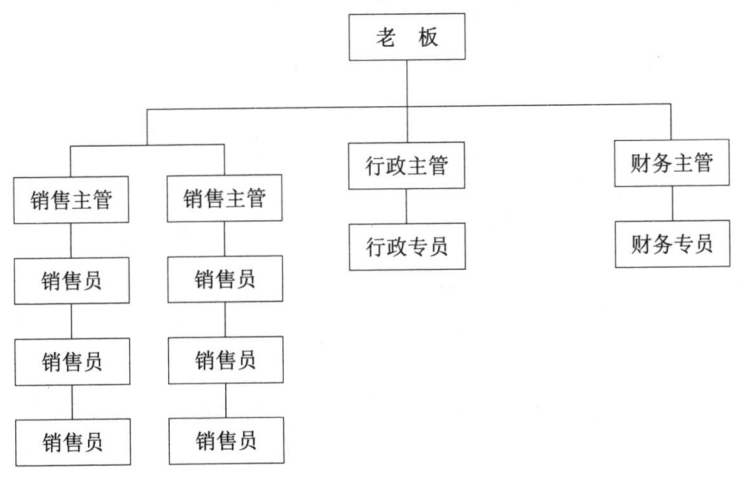

图 2-3 个体户阶段企业组织结构图

企业发展到个体户阶段已经具备了管理的基本雏形，一个主管带领的销售团队已经基本形成一个生意单元。企业需要发展，老板需要不断复制这种生意单元。

个体户阶段，企业人数开始增加，即使规模比较小，也有十人左右。而且，老板基本上已经找到了成功因子。这一阶段企业的工作重点有两个：一是销售，二是初步的管理。

老板开始为企业建立组织系统，具体表现为：将行政、销售交付主管管理，同时需要找到几个主管帮助自己处理好公司的一些重要事情。

在个体户阶段，企业已经将经营发展路径摸清了，成功因子基本上已经形成。老板一出手就会有回款，企业经营下去就有很好的结果产生。此时，老板完成了从不懂经营到开始入门的转变，企业的发展也看到了希望。

更重要的是，老板需要找一个超越初级水平的主管级人才，协助自己处理公司中各种杂乱的事情。那么这位主管级人才，是选择年轻人，还是选择经验丰富的年长者呢？二者各有利弊。如果选择经验丰富的长者，他在行业内打拼多年，已经形成了自己的一套规范，很多时候很难放下架子来分析新公司的新情况。如果选择年轻人，也有需要考虑的地方。比如这个年轻人不够成熟就会出现问题，除非他天生适合这个位置。

既然如此，主管级人才需要具备哪些特征呢？第一，

第 2 章
当好老板的三大关键：经营人、管到位、涨格局

做事要认真负责；第二，条理性好，有一定的管理能力；第三，勤奋上进；第四，受过高等教育。如果老板能够请来这样一位人才，就可以放心将销售等部门的业务交付给他，自己则继续研究企业的发展。

此外，在寻找主管级人才时，还需要注意：如果老板是做销售出身，就要聘请一位做服务、生产或研发出身的；如果老板是做生产或服务出身，就要聘请一位做销售出身的。这叫作"先找互补，再找替补"。

也有学员曾经问我："老师，我本身就是做销售出身的，为什么还要请一位销售主管呢？"我非常严肃地回答："除非你下定决心，自己一辈子都要以销售为生，否则就一定要培养人才。"只有培养人才，个体户才能成长裂变为一家真正的企业。这是建立组织结构的基础，机缘合适的时候必须找到合适的人。

此前，就有一位学员因为没有意识到这一点遭受了不小的损失。当时，企业的年产值已经达到四五百万元，但他还是继续自己做销售。结果，自己忙得焦头烂额不说，还有不少客户由于企业没能及时提供服务而流失。更要命的是，员工们的士气也不高，每天不知道自己要做什么，收入不高，干劲儿不足。明明企业已经进入了公司化阶段，但管理还处于专业户阶段的水平。

个体户阶段企业的管理模式是什么呢？除了权威式的管

> 个体户阶段企业的管理模式是什么呢？老板不再像之前一样事必躬亲，而是只负责主抓几个核心客户。至于其他客户，则逐步下放。

理，还需要有一些参与式的管理，因为企业员工已经开始具备一定的能力了。老板不再像之前一样事必躬亲，而是只负责主抓几个核心客户。至于其他客户，则逐步下放。

在个体户阶段，企业的绩效考核非常简单，平时以业绩表现计算提成。由于企业员工人数不多，员工是否能干，业务水平如何，老板看得清清楚楚。到了年底，老板根据经营状况与员工的业绩表现、行政考勤表现，派发红包或奖励，管理方式较为灵活。

由于人员增加，企业的制度建设开始提上日程，薪酬制度是制度建设的核心。同时，日常管理制度等也不能忽视，需要逐步调整完善。

公司化阶段

当年产值做到2000万～2亿元的时候，企业基本上进入公司化的发展阶段。此时，企业运行进入了正轨。相应地，老板也应该具备公司化阶段的运营思维。如果还停留在专业户、个体户阶段的水平，自己累死累活、费力不讨好不说，还会严重影响企业的发展，甚至会拖企业的后腿。

公司化阶段也是企业能否腾飞的关键节点。因为到了公司化阶段，企业的商业模式已经基本成形，企业需要按照制定好的战略逐步推进，增强成功因子，复制生意单元。

公司化阶段，企业组织结构已经比较成熟，各个职能部门能够很好地围绕某一核心业务开展工作，所需要的就是逐步建立标准和流程，完善企业管理。这一阶段的企业组织架构具体如图 2-4 所示。

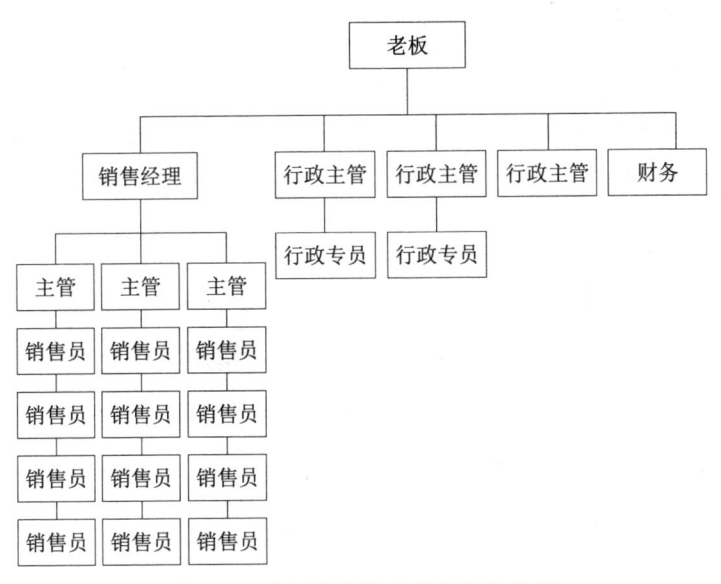

图 2-4 公司化阶段企业组织结构图

进入公司化阶段，老板需要从纷繁复杂的事情当中逐步解脱出来，制定企业发展战略，把控企业发展方向。这时，老板需要管理的不是具体的项目，而是人，尤其是核心人才。老板一定要学会识人、用人，要学会用机制引爆团队。

> 进入公司化阶段，老板需要从纷繁复杂的事情当中逐步解脱出来，制定企业发展战略，把控企业发展方向。老板一定要学会识人、用人，要学会用机制引爆团队。

公司化阶段的企业的重点工作有两件。**第一件就是建立管理中心**。在专业户阶段和个体化阶段，企业的生命线已经有了基本保障。只有做到公司化阶段之后，企业才会出现完整的事业线。此时，建立管理中心、复制生意单元是企业工作的重点。

如果企业没有清晰地定义生意单元，那么生意是没有办法进行有效复制的。只有所有人都通过努力不断地把生意单元模式化，然后变得更加效率化，才能去做好复制。这是现代商业的根本。

第二件就是人才招聘。此前，企业招聘人才的标准就是完全凭老板的感觉。进入公司化阶段之后，企业需要的人才多了，特别是企业开始扩大规模的时候，更需要批量招聘人才。而且，完成招聘任务并不是招聘人才的全部，企业还需要对这些招来的新员工进行职业培训。

说到培训，企业也不能再像以前那样搞"传帮带"，也就是不能再走老板指导一下，做一段时间助理，就下放去做具体工作的老路。进入公司化阶段之后，一切都要按照制度来，即先由人力资源部门负责招聘，对员工进行统一培训，再将其分配到各个岗位上去。

此时，人力资源部门需要配合各个部门主管做好绩效管理工作。但是，老板千万不要把这项工作全部委托给人力资源部门去做。原因有二：一是人力资源部门人员有限，无法完整掌握每位员工的绩效状况；二是各部门主管无法运用绩效考核工具管理部门员工。人力资源部门需要做的，就是向各部门主管提供一套方式或模板，然后配合他们的工作，起到支持和辅助的作用。

中国企业普遍重运营、销售，轻人力资源管理。不少企业的人力资源部门只是为企业做招聘，做考勤，甚至等同于行政部门，并没有发挥出应有的作用。进入公司化阶段，企业要非常重视人力资源的开发与建设，要逐步建立自己的招聘体系、培训体系、绩效管理体系、股权激励体系等。企业如果突破了人力资源方面的瓶颈，一般都会进入迅速发展的车道。

小企业经营事，大企业经营人。企业规模越大，对人力资源的开发工作就越重视。通用电气原董事长杰克·韦尔奇就非常重视人力资源。人力资源开发对于企业来说非常重要。

对于一家企业的人力资源部门来说，他们必须做到以下两点：第一，要非常了解企业以及所在行业状况；第二，要非常懂用人，要有高度，善于开发与发掘优秀人才。而要做好这些事情，就需要有一位适合的人力资源经理。

怎样才能找到合适的人力资源经理呢？不少老板会把目光投向招聘市场，或者干脆找到猎头求助。实际上，即使招来年薪15万元以上的人力资源经理，可能都达不到老板想要招到的人力资源经理的标准。这时，老板可以从企业的运营直线部门当中找到一个拥有做人力资源特质的人。此外，这个人还要有自己想做人力资源工作的意愿，并且对行业比较了解。

当然，这样选出来的人才还会有不足之处。为了弥补这些不足，老板还需要经常派他外出学习，只是必须注意一点：不要学偏，一定要带着经营的思维来做事。

公司化阶段，企业还需要建立自己的运营部门。运营部门负责人要从销售或者交付部门当中找，因为只有懂行的人才能做好运营工作。如果企业当中最大的部门是销售部门，那运营部门的负责人一定要从销售部门寻找，千万不要觉得做行政、人力资源工作的人更懂管理，直接把他们调上来做运营。这样的做法实际上是不太合适的。

一般来说，把懂行的人调过来做运营，企业可以大量复制人才、复制生意单元，然后把事业做大。建设好人力资源部门和运营部门，是一家企业走向成熟的标志。

此外，企业还需要逐步完善管理制度，但是制度并不是越规范越好，而是以适应企业发展的需要为佳。这是因为，我们发现，不少企业确实在制度方面已经很完善了，但在发展方面却失去了活力,其直接表现就是员工被管得太死,缺乏必要的干劲儿。

企业制度执行效果不佳,主要原因有两点:第一,制度执行没有操作指引,员工不知道如何去执行;第二,参与制度编写的人没有真正通过"下场干"来研究工作流程,很多时候都是四处"借鉴",没有从企业实际出发。而盲目全盘照搬他人的经验是通向地狱的道路。

编写制度的人最好是管理层,并根据实际情况去编写。这样不仅有助于企业上下衔接,更有助于企业前期积累的梳理。当管理制度完善之后,企业的管理水平就上了一个台阶。

编写制度最关键的地方在于体现根本目的。为什么要这样做?如果不这样做,会有什么样的恶果呢?

比如我所在的公司曾经和深圳的一家咨询公司合作,该公司的很多讲师需要到各地去讲课,我们则为讲师们提供经纪人服务。和我们合作的这家咨询公司有个规定,那就是公司所有的讲师出差可以坐飞机,但是所有的后勤服务人员(客服人员)只能坐汽车和火车。

制定这条制度的根本目的是什么呢?降低成本。不过,很快问题就来了。有一段时间,因为是淡季,从广西飞深圳的打折机票只要200多元,可是如果坐火车或汽车就要300多元。而且,坐飞机只需要几个小时;坐火车或汽车基本上要花一天的时间。于是,需要出差的后勤人员向公司总部申请,要求和讲师们一起坐飞机出差，理由是机票比火车票或汽车票还要便宜，可以为公司节省成本。可总部人员却说，后勤人员只能坐汽车和火车是公司的财务规定，而且后勤人员只有坐汽车或火车时才能报销差旅费。

当这样的事情在公司里发生的时候，我们就会发现，员工士气一定会受挫。本来是为公司着想，为公司节约费用，结果却让自己生了一肚子气。究其原因，就是由于这条制度本身没有弹性，没有面对具体情况的操作指导。也就是说，制度没有告诉员工，当意外情况发生时，应该怎样应对。这条财务制度的根本目的是节省成本，在这一前提下，显然坐飞机更划算些。如果制度对意外情况加以考虑，制定了相应的操作指导的话，经手的人就可以根据具体情况做一些调整。

另外，很多公司在设计编写制度的时候，没有采取系统性思维，尤其是缺少了管理层的参与。这样设计编写出来的制度施行之后，公司的效率反而下降了。

除了做好部门建设和重视规章制度的设计，进入公司化阶段之后，老板还要学会授权，即抓大放小，给予放权空间。为什么这个时候要用这种管理方法呢？因为如果不授权，企业就无法真正成长和做大。

对此，很多老板充满了担心："老师，我真的要授权吗？我授权给他，万一他做砸了怎么办？这个后果谁来承担？"

授权这件事确实有一定的风险。但是，我想请大家想一想：为什么老板会对自己掌舵这么放心？这是因为，老板自己在经营企业的过程中出现过很多决策性错误和判断性错误，付出的代价最多。老板的能力很多时候都是"交学费"交出来的。也就是说，老板之所以今天有这么好的判断力、这么敏锐的嗅觉，就是当初"下场干"总结出来的结果。

明白了这个道理之后，大家就能理解，为什么很多时候敢于授权的老板，往往能培养出优秀的操盘手了。操盘的人之所以成长速度那么快，是因为在他身上"浪费"的钱最多。当老板愿意这样信任他，敢于授权给他的时候，他回报给老板的就是另外一种信任。

业内流传着一个经典案例，讲的就是这个道理。一位经理在经营中犯了大错，给公司带来十几万元的经济损失。内疚之余，他拿着辞职信来见老板。没想到老板不仅没有收下辞职信，还对他说："是个男人就留下，把损失的钱赚回来！"老板无条件的信任让这位经理信心大增。更重要的是，他有机会总结当初失败的教训，并将自己的应对方法逐步实施。从此，经理做事更加谨慎，工作也更加卖力。没过多久，就为公司赚到了几十万元的利润，还影响并带动了其他管理人员的积极性。整个公司业务在大家的共同努力下蒸蒸日上。这是一个皆大欢喜的结局，也是我们最乐于看到的。

当然，授权并不等于放权。企业需要通过完善相关管理制度，比如绩效考核制度、股权激励制度、薪酬制度等，激励并约束员工，实现自动化运转。

公司化阶段，老板需要提升的核心能力有三个方面。第一，要提升自己的市场分析能力。专业化阶段的老板，可能是与同一条街上的邻居在竞争；个体户阶段的老板，就是在一个小区域内竞争。但是，到了公司化阶段，企业已经在市场中拥有一定的位置和影响力了，会进入一个更高的层次或者一个更大的区域进行竞争。这个时候，老板已经不能完全依靠自己到现场盯着看来了解和判断市场了，而要借助一些市场化工具去看、去分析整个市场。此刻，市场分析能力就显得格外重要。第二，要提升自己的领导力，要善于发现员工的价值，塑造员工的价值。第三，要提升自己的演讲能力。老板可以通过演讲来直接影响员工，鼓舞员工的士气。有关后两者的分析，将在后面的章节中详细展开。

部门化阶段

进入部门化阶段，企业的年产值在2亿~20亿元。此时，每个部门都相当于一个小型公司，具体表现为：每个部门都有部门总监，总监下面设有经理、主管等管理岗位，部门组织结构更加复杂，如图2-5所示。

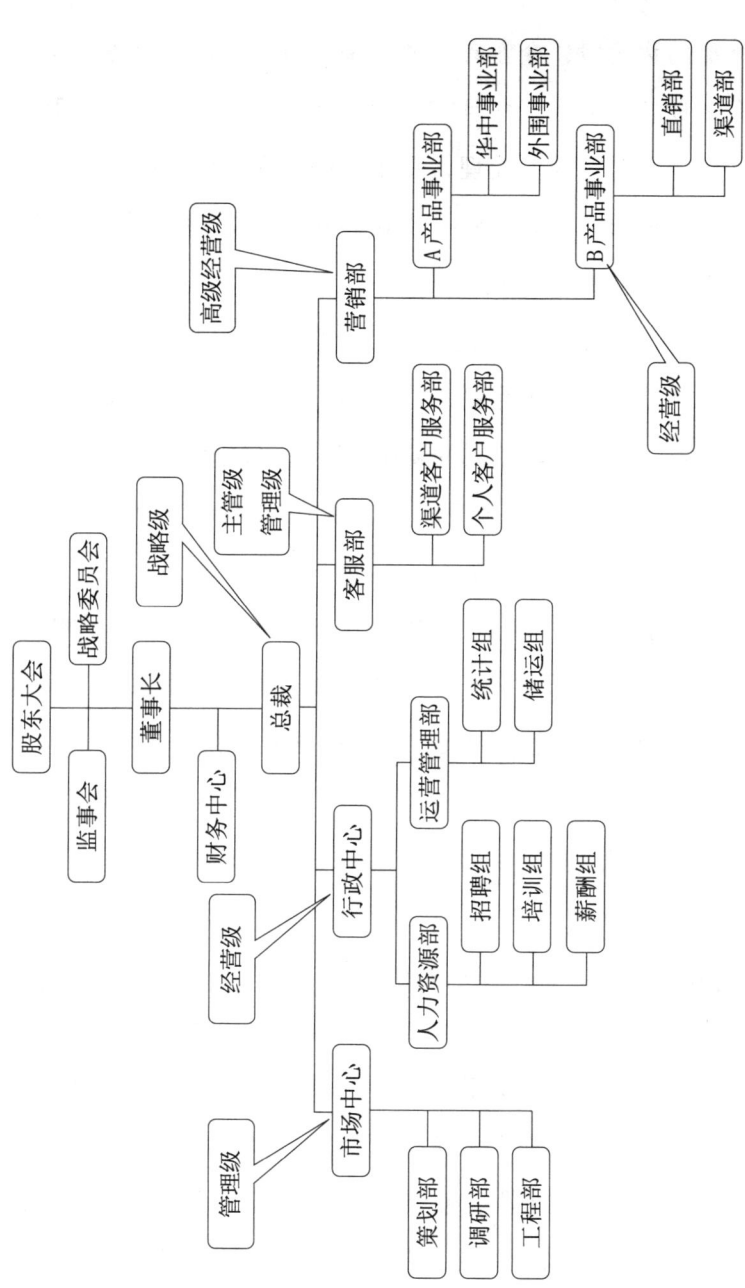

| 第 2 章
| 当好老板的三大关键：经营人、管到位、涨格局

图 2-5 部门化阶段组织结构图

071

部门化阶段，企业有可能不是只有一种核心业务，而是存在多种核心业务，而且核心业务之间互有关联，统一于企业平台。此时，职业经理人在企业中发挥着巨大的作用。这就要求老板的思维必须超前，眼光必须长远，敢于舍权和利，让核心高管发挥应有的作用。

另外，老板还必须清楚部门化阶段的工作重点。此时，企业的工作重点主要包括三个方面：第一，建立总部的复制中心，实现基本生意单元的复制；第二，做团队能级的提升，培养优秀的管理人才；第三，建立辅导部、新产品研发中心，实现企业生产能力的升级。

先来看第一个方面。一家企业做到部门化阶段，大概需要多少个生意单元呢？5~20个。如果达到这个数目，我还想进行复制，应该怎么办呢？下面我举个例子来说明。

比如，我在深圳开了一家咖啡馆，目前有15家连锁店。如果想再提升业绩，多开1家连锁店，影响往往很小；如果想让业绩成倍增长，就要快速复制企业。如何才能快速复制企业呢？在深圳一家一家复制下去？这当然可行，只是速度会很慢。这时，我可以考虑去广州开店，跨区域发展。

去广州开店的话，我就需要在原来的员工当中找出一批核心店长，让他们带领新人，复制出一批和深圳连锁店一样的团队，然后把这个团队带到广州去开店。

那么这个复制团队的人要跟原来的店长能级相同，还是要比他低一个能级呢？这种基本生意单元的复制往往会有一定的损耗，如果找一个能级低的人，很难复制成功。所以，选择跟原来的店长能级相同的人，是非常必要的。

确定了复制的核心人物，复制团队又该怎么选择呢？是选择新人，还是选择"老人"呢？这就涉及部门化阶段工作重点的第二个方面了。

就企业发展的实际情况来看，单纯选择"老人"或者新人都存在一定的风险，最佳的做法就是以老带新。将这个以老带新的团队带到广州去，开上三五家店，企业就很容易在广州这个新根据地站住脚。

但是，在进行基本生意单元复制和团队复制的过程中，企业也需要警惕下列两种现象。

第一种，已经完成了六七家店的复制，却发现企业越做越糟糕。

之所以出现这种情况，可能是因为成功因子不太适应当地的环境，这就需要做出调整；可能是因为团队的管理者能级不够，这就需要管理者提升自身的能力；可能是因为团队没有按照总部要求的标准来做，这就要求把总部的人调来，帮助团队做整体能力提升，按照企业的统一标准进行操作。

第二种，整个核心团队被另外一个老板"一锅端"，集体跳槽。

核心团队被挖走之后，整个生意单元就有可能出现问题。

就像飞机失去了航向，基层员工不具备相关的能力。如果置之不理，半年左右，肯定会出问题。这时候要怎么办？

由总部派人直接接管，随后在当地招聘能级相当的人，再把团队稳固下来。

也就是说，要遏制上述两种现象给企业带来的消极影响，企业总部的辅助必不可少。这就是部门化阶段工作的第三个重点。

有了总部的辅助，部门化阶段的企业就可以做到有效地复制。当然，有些企业的组织结构没有那么复杂，可以直接在当地开始招聘，开始复制。但需要注意的是，即便企业结构比较简单，也需要有非常强大的管理指导团队。

除了工作重点之外，企业在部门化阶段还有新的管理重点，即每一个业务或者职能部门都要将自己的组织结构完善好，并让其发挥应有的作用。比如，人力资源部门，下面要有招聘组、培训组、薪酬组等；财务部门要包括会计、出纳、统计等；营销中心、生产中心可能会拆分得更细。就整个公司架构来看，几乎每个部门都是由总监、经理、主管、员工等组成的。

为什么要做成这样的层级？只为一件事情：企业发展到部门化阶段，年产值已经达到几亿元甚至几十亿元，必须保证任何一个人或几个人的出走不会影响到企业整体的运作、稳定、可持续发展。

当然，预防核心人才出走并不等于不要重用人才。部门化阶段要使用怎样的人才呢？

第一，专家级人才。部门化阶段需要有一些专家级人才，才能支持到位。因为部门化阶段的企业多是跨区域经营的，我们在自己所在的地区进行经营还是比较容易的，跨区域经营就会比较困难。如果没有两把"刷子"，成功因子不足够强大，就盲目开始复制扩张，往往危险性很大。这时候，专家的支持就显得特别重要。

第二，核心高管。进入部门化阶段，企业管理越来越专业化，企业需要引入一些比较专业的职业经理人，帮助规范企业管理。当然，企业更需要从内部提拔人才，充实管理队伍。

部门化阶段，企业发展比较稳定，薪酬也往往比同行稍高一些。这时，目标管理在企业发展中的重要性就充分体现出来了。一般来说，总经理手上只要掌握两个数字——目标销售额和财务预算，就可以知道第二年的目标利润了。因为目标利润恰好是前两者的差。

目前，一些大企业最看重的就是达成目标跟不超过预算，并以准确达标为成功的标准。要在这样的企业做好总经理，就要对明年做多少营业额、赚多少钱做到心中有数。越是大型企业，就越要根据这些做计划、调整，因为越是大型企业，就越有求稳心理。

而要实现这一点，除了用好人才，进行产品升级之外，还要注重市场的因素。进入部门化阶段之后，企业需要在营销部门的基础上成立市场部门。究其原因，主要包括四个方面。第一，企业规模不断扩大，老板、高管离市场越来越远；第二，企业业务逐渐增多，很多高管尽管是职业经理人，但专业技术水平有待加强；第三，老板、高管也需要更专业的市场部提供专业意见；第四，科学决策在当代市场竞争中发挥着越来越大的作用。

市场在不断变化，客户需求、竞争对手的状况也在不断变化，企业如果没有长远的战略规划，会处于非常被动的境地。市场部可以为企业战略决策提供强有力的数据支撑，可以作为指挥销售、研发、服务、调整和运作的依据。

相应地，进入部门化阶段之后，老板也需要提升自身的三大能力，即战略能力、公司治理能力和兼并收购能力。

为什么老板要提升战略能力？因为企业之间的竞争已经发展为跨区域的竞争，老板需要操心的地方不再局限于一个。这时候，市场就不再是问题的核心了，它的重要性被战略取代了。老板需要有俯视全局的眼光，必须谋划长远，不仅要考虑本年度的经营状况，还需要考虑未来三年、五年的发展规划。

> 进入部门化阶段之后，老板也需要提升自身的三大能力，即战略能力、公司治理能力和兼并收购能力。

也正因为如此，老板还需要不断完善企业的治理结构，让更多优秀的人才成为企业的股东，让他们以主人翁的姿态参与企业的运作管理。

部门化阶段，企业要实现快速扩张，兼并、收购是最快速的方式。

企业收购，核心问题往往在人。如果被收购企业的整个团队都瓦解了，只剩下一堆电脑、机器，那么收购就没有任何意义了；如果能够用一个核心团队去挽留住被收购企业的优秀人才，吸收被收购企业文化中的优良基因，就会促进本企业的发展。

蒙牛之所以发展得那么快，就是因为除了自己的核心团队发挥重要作用之外，更注重对优秀企业、优秀团队的收购。收购完成，企业重组之后那些企业变成了蒙牛的一部分，企业重组前的优秀基因并没有流失，蒙牛给予的是一些管理上和技术上的指导。

集团化阶段

进入集团化阶段，企业的年产值升至20亿~200亿元，其下属的不少部门已经变成分公司。相应地，对这些分公司的老总的能级也有了新的要求，至少是初级经营级，甚至还有战略级。集团化阶段的企业组织架构，具体如图2-6所示。

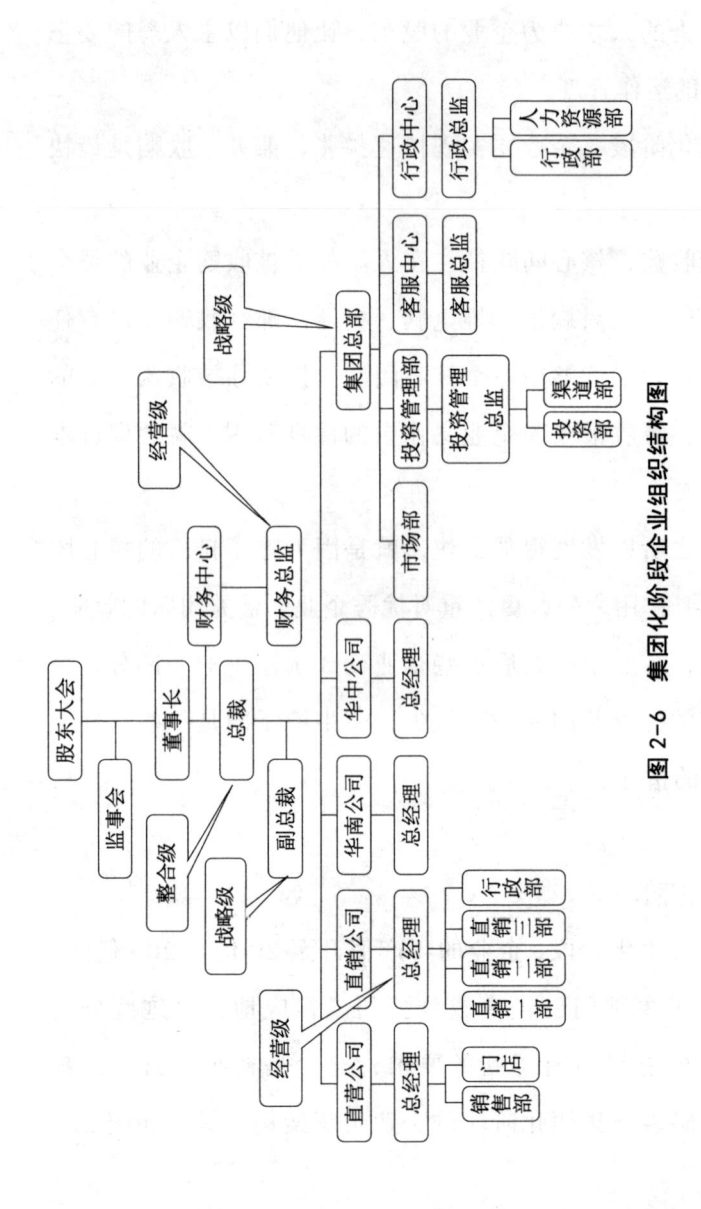

图 2-6 集团化阶段企业组织结构图

集团化阶段，企业下属的子公司或分公司已经实现财务独立，并对总公司负责。此时，企业老板已经很少直接参与企业的经营管理，更多时间在做整合资源的工作。各子公司或分公司的老总一方面需要对总公司负责，按照总公司的战略规划进行运作；另一方面需要经营好所在子公司或分公司，做好经营管理工作。

集团化阶段，重点工作是依托核心企业来发展企业。一家集团化的公司通常会有一家主营企业。比如，它会把旗下的一家子公司做到极致，把营业额做到几亿元，然后在此基础上继续发展，从而可以做到十几亿、几十亿元。确定主营企业之后，集团化公司所要做的就是，依托这个核心资源，继续在上下游发展其他相关企业。

对于集团化公司来说，工作重点包括两个：一是战略管理；二是成本控制。

在战略管理方面，老板通常会有三种考虑，即依托核心企业来发展公司、实现多元化经营、实现产业链发展。一家集团化公司，如果有一家主营企业，再实现产业链发展，子公司之间相互关联，往往可以很好地发挥系统效应，降低运营成本。

> 在战略管理方面，老板通常会有三种考虑，即依托核心企业来发展公司、实现多元化经营、实现产业链发展。

从全世界范围来看，采取产业链发展策略的企业往往比采取多元化发展策略的企业更有竞争力,也更能持久发展。典型的例子如王石的企业。王石的企业最初上市的时候,涉及面比较广,什么产品都做,精力过于分散,企业发展后劲儿不足。后来,集中精力做房地产之后,企业发展逐步加速。

那么,这是不是说企业不应该进行多元化发展呢?当然不是。有的企业从本质上来说,采取的是多元化的策略,但是比较注重在相关行业里建立产业链。结果,企业大获成功。

鸡蛋不能放在一个篮子里。投资一定要分散,但经营一定要集中,要集中精力,集中资源。至于企业在发展过程中,到底是要多元化,还是要产业链集中,老板需要根据自己企业的实际情况做出决策。

产业化、资本化阶段

进入产业化阶段,企业会围绕产业结构打通上下游产业链,实现资源强势整合,发挥协同效应。

比如,我有一位学员是做养猪生意的。开始的时候,他承包了一家农场,养了上千头猪。不久之后,考虑到猪饲料的重要性,他收购了一家猪饲料加工厂,专门为自家猪场供货。由于每年从外面引进种猪花费不少成本,他随即创办了一个种猪繁衍场,培育种猪。随着企业越做越大,他在此基础上了又开办了屠宰场,将猪肉直接供给城市中的各大卖场。后来,又开办了熏肉厂和火腿加工厂,实现了品牌化运行,大大提升了产品附加值。

随着企业规模越做越大,资本化就会伴随其中,企业通过兼并、重组、收购可以实现跨越式发展。如果说产业化运作是在爬楼梯,那么资本化运作则是在坐电梯。企业老板需要为自己设计一条资本化运作的战略路线,实现企业发展的快速突破。

> 企业老板需要为自己设计一条资本化运作的战略路线,实现企业发展的快速突破。

老板与核心团队的能级决定企业的能级

在企业的日常运营过程中,我们常会发现,有很多事情是超出正常运营范围的。也就是说,意外和例外的事情经常发生。意外的事情就是明明要这样做,而员工没有按照这个要求来做;例外的事情是超出了常规标准的情况。此时,如果主管、经理能够将意外的事情或例外的事情处理得当,成功因子就会持续下去,企业也会稳步向前发展。如果处理不当,就会有顾客不满意的情况发生,就会出现一些投诉,生意就会受到一定的影响,甚至出现发展瓶颈。这时就需要老板亲自出马解决，具体如图 2-7 所示。

> 老板跟核心团队的能级最终决定了企业的能级，决定了企业能做多大。

任何意外或例外的事情在老板手中必须得到解决，因为老板是整个企业的最高领导者。因此，作为企业的掌舵人，老板必须清楚员工的能级，知道哪些人适合哪些岗位，知道哪些人能更好地处理遇到的意外或例外的情况。老板跟核心团队的能级最终决定了企业的能级，决定了企业能做多大。

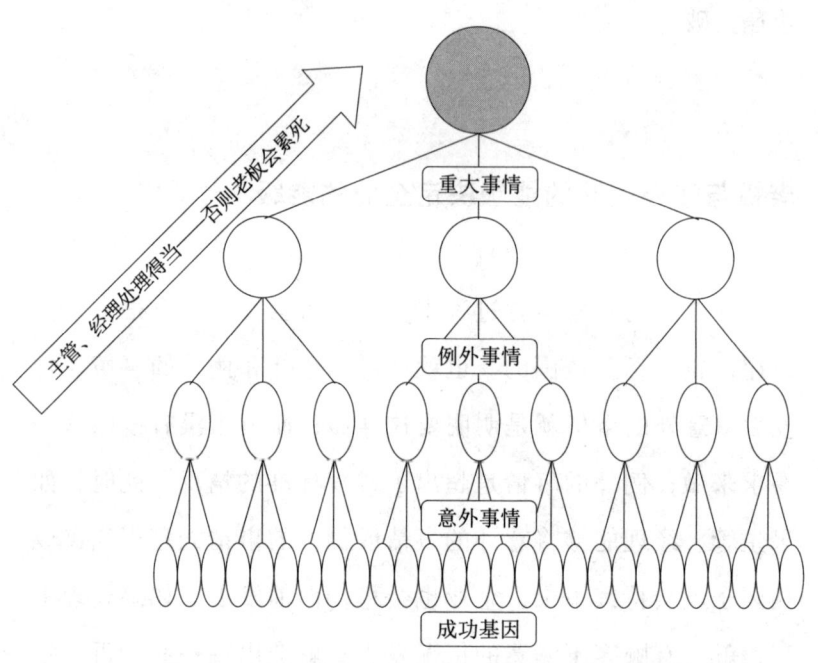

图 2-7　老板必须清楚哪些人适合处理哪些事

一般来说，员工的能力可以分为七个能级，具体如图2-8所示。

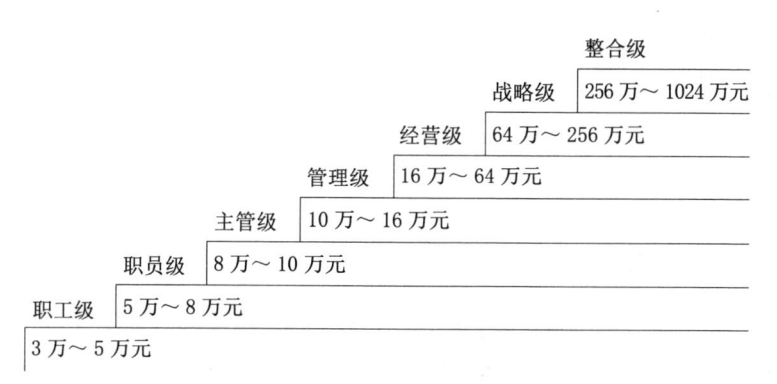

```
                                    整合级
                              战略级  256万～1024万元
                        经营级  64万～256万元
                  管理级  16万～64万元
             主管级  10万～16万元
        职员级  8万～10万元
    职工级  5万～8万元
    3万～5万元
```

图2-8　员工能级图

职工级

职工级是整个员工能级中最低的。职工级的员工是体力工作者，没有太多的技术与水平，主要以体力付出来获得报酬，年收入不高，通常在3万～5万元。属于职工级的有工厂流水线上的普工，从事简单劳动的扫地、洗碗的阿姨，只做打字工作的文员，协助公司做一些琐碎杂事的前台人员等。

> 职工级员工做的是最基础的工作。

职工级员工关心什么呢？马上获得回报。他们通常不会想很远的事情，最好今天做完工作，今天发工资；做多少事情，发多少工资。如果跟他们讲企业的前景、企业的发展，大多数人并不感兴趣。他们更需要实实在在的东西。

职工级员工的计划、组织能力比较弱，需要在上级主管的安排下做事。

职工级员工做的是最基础的工作。

职员级

职员级员工属于知识工作者。他们能够很好地运用所学知识为企业服务，但是比较教条，对意外事件、例外事件的处理能力比较弱。属于职员级员工的有工厂中的技术工人、办公室的高级文员（或者部分秘书）、理发店里的美发师或者帮顾客染发的中工。

总之，对于职员级员工来说，技术更加可靠些。他们的整个关注点在于学习提升，而且学习的对象不是管理知识，而是一门手艺、技术。在他们看来，只有掌握一定的技能，才能为他们带来稳定的收入。

与职工级员工不同，职员级员工具有一定的计划性，其计划的时间通常为 1 ~ 3 周；其收入也比职工级员工有所提高，年收入一般在 5 万 ~ 8 万元。

> 职员级员工做的是技术活儿。

职员级员工做的是技术活儿。

主管级

主管级员工注重改善，追求创意创新，结果性较强。这一能级的员工能力特征表现为：老板把这个工作交给他之后，不用老板再三督促，他会在一定的时间内（比如3个月），在原有的基础上做一些小改动，让结果更好。

不过，要是让他策划整个方案，一般情况下他还是做不到。主管级员工最擅长的是局部改良，即将整个策划好的工作交给他，他会帮你改得更好。

主管级员工比较关注发挥的空间，也就是"我的地盘我做主"。上级给他安排一件事情，他弄明白之后就会把这件事情吃透，并在原来的基础上进行改良，而且在这个范围当中负责把结果追踪出来。但是，如果让主管级员工去设计一个完善的系统流程，去策划一件事情，一般存在不少困难。

> 主管级员工做的是管理落地的活儿。

主管级员工的工作计划性比职员级员工要强，时间一般在1~3个月。其年收入在一般8万~10万元。

主管级员工做的是管理落地的活儿。

管理级

与主管级员工相比，管理级员工已经实现了系统性思考、系统性工作和跨部门配合工作。更重要的是，他已经具备了设计流程或策划方面的能力。对于管理级员工来说，只需要告诉他努力的方向和想要的结果，指出哪几个是重点即可。他会根据老板交代的方向、要点，自行设计方案，把结果做出来。

管理级员工在和老板沟通时，通常会问公司的方向是什么。他们关注的要点在事业上，希望有更大的空间和舞台，让自己的才能得到充分发挥。

管理级员工做的是管理系统的活儿。

> 管理级员工做的是管理系统的活儿。

举个简单的例子。一个管理级员工来应聘，他的表现会和职员级员工、主管级员工有很大的差别。职员级员工会问："公司有没有培训，有没有学习机会？"主管级员工会问："这个部门是不是我说了算？我有没有发展空间？"管理级员工则会问："公司发展的方向是什么？目前到什么程度了？我在当中可以起到什么作用，扮演什么角色？"

三种不同的问话，三者之间的差别立刻就显示出来了。职员级员工做的是技术活儿，考虑的是具体的事情能不能做好。主管级员工刚刚脱离了直接操作的层面，管理的是一个部门，不存在解决跨部门问题的烦恼。对他来说，就是这个部门我负责。而管理级员工的思考是系统性的，需要通盘考虑事情发展的整个过程。

管理级员工的计划能力比主管级员工更强一些，一般计划期在6个月以上，其中，高级管理者的计划期更是可以达到1年。至于年收入，管理级员工一般在10万~16万元。另外，由于行业不同，他们的收入也有所差异。

经营级

在整个复制成功因子的团队中，如果说职工级员工负责的是最外围的工作，主管级员工负责的是一个部门的工作，管理级员工负责的是跨部门合作，甚至是公司内部全部的管理，那么经营级员工负责的就是公司的一体化管理。他们做的是策略性的工作，需要掌控全局，而且把握明晰的情况。

经营级员工的主要职能是重新对事情进行定义和定性，从本质和发展方向上看问题。至于方案的制订和实施，则由管理级员工来负责组织和设计。管理级员工拿到方向和要点之后，会设计出具体的实施方案，并交由主管级员工带着团队去把它做出来。他们是否在工作现场对于工作本身倒并不会产生实质性的影响。而如果主管级员工不在现场，工作就会乱了套。

此外，经营级员工和管理级员工最大的区别在于思维方式的不同。前者采用的是一体化思维，他们有策略性行为，会专注于每个主题，从而调整对事情的定性和定义。而后者采用的是系统性思维,他们可以考虑到事情之间的联系,但是抓不住事情解决的根本点,看不透事情的本质。

经营级员工的知识结构、能级结构都比较高,但他们一般不会使用烦琐理论化的语言来表达自己的观点,而是使用朴实简洁的语言。无论是什么高深的事务,经营级员工只要经历过,就可以运用充满个人风格的简洁又深刻的语言进行解释,并且让人一听就懂。

> 经营级员工的关注点在理念。

经营级员工的关注点在理念。如果请他们来合作,他们不会问有没有发展空间,也不会问企业要做到什么程度,而是要问为什么做这家企业,以及为什么会有动力来做企业。通过听取上述问题的答案,经营级员工会评估老板的理念,并判断老板的理念是否和自己的理念一致。平常大家常说的"核心团队没办法走下去",实际上是指在理念上产生了冲突。

经营级员工年收入一般可达16万~64万元,他们可以设计出未来两三年的发展计划。

对于一家企业来说,如果它的操盘人没有达到经营级,企业就不稳固,因为他只能考虑不足一年的事情。操盘人只有达到经营级的思维水平,企业的发展才是连续稳固的。

战略级、整合级

战略级、整合级员工不仅懂成功因子，而且对行业的成功因子都很了解，可以将多个战略同时运行。

战略级、整合级员工一般具备专家级水平。和经营级员工一样，战略级、整合级员工关注的要点也是理念，同时还关注老板的格局。战略级、整合级员工的计划能力在 3 ~ 6 年，年收入一般为 64 万 ~ 256 万元、256 万 ~ 1024 万元。

> 战略级、整合级员工关注的要点也是理念，同时还关注老板的格局。

发展阶段不同，老板角色不同

尽管老板是企业的最高领导者、决策者，但是在不同的发展阶段，老板角色定位的侧重点却有很大的差别。

专业户阶段：没有固定的角色定位

专业户阶段的企业还不能算是真正意义上的企业，很多事都需要老板亲力亲为。对于老板的定位，除了是企业的最高决策者，还是企业的最高级别技术人员或者最高级别的销售人员等。同时，老板还必须掌管企业的财务。因此，老板没有固定的角色定位，所有重要的事情都得亲自出马解决。

个体户阶段：企业管理者

个体户阶段，企业开始组建自己的营销队伍，开始设计财务部门、人力资源部门，但是分工并不明确，有时候需要员工身兼数职。此时，老板有可能是企业的销售经理，也有可能是财务经理，还可能是负责面试、企业人才培养的人力资源经理。此时，老板的关注重点开始由基层的工作转移到基本的管理工作上。

公司化阶段：企业经营者

公司化阶段，企业已经有比较完善的部门，开始向正规化方向迈进，老板需要制定较完善的游戏规则，激活团队，吸引更多优秀人才加盟。老板作为企业经营者，最大的转变是由经营事变成了经营人。因此，老板也需要转变经营思维，把更多的心思和精力花在团队的打造上。如何打造一支优秀的狼性团队去抢占更大的市场，是老板当前需要思考的问题。

部门化阶段：战略制定者

部门化阶段，企业老板要从纷繁复杂的事情当中解脱出来，思考企业的战略，制订长远的规划。即：老板从企业具体的管理当中逐步脱离出来。此时，老板更需要学习，不断提升自我。

集团化阶段：初级整合者

进入集团化阶段，企业开始注重资源整合，老板要对那些成长性好、对企业资源形成互补的企业进行并购重组，尤其是整合对方的人才资源为我所用。因此，老板需要有长远的眼光、敏锐的判断能力，同时需要加强学习，掌握一定的专业知识。

产业化、资本化阶段：高级整合者

产业化、资本化阶段，企业的整合变得非常频繁，兼并、重组、收购等成为企业发展壮大的有效工具。此时，老板在进行企业整合的时候需要更加慎重，不要一看到赚钱的公司就去收购，而是需要考虑企业的整体布局，实现企业的产业化运作。当然，企业也会存在多元化发展的需要，但是不可盲目多元化。从全球范围来看，产业链集中的企业往往更有竞争力。

重点提示

如何才能走出老板不好当、企业难做大的困境？老板需要颠覆自己的思维方式，根据企业的实际情况随时调整自己的经营政策。就当下而言，老板要做好三件事，那就是经营人、管到位、涨格局。

企业经营的核心点在人。需要关注的对象包括甚广，包括企业老板、企业员工和外部客户。市场需求不同，企业发展阶段不同，老板扮演的角色不同，需要的员工能级水平不同，客户的消费观念也不同。这就需要老板时刻关注市场变化，为客户提供超越期望的产品和服务，并处理好与内部员工的关系，将合适的人放在合适的位置上。

CHAPTER

第 3 章

经营人：经营人的需求，实现企业员工双赢

- 经营人的核心就是经营人的需求
- 设计机制引爆团队，实现企业员工双赢
- 经营环境不同，激励策略不同
- 植入优良文化，助力企业健康发展

经营企业的核心在于经营人,经营人的核心在于经营人的需求。老板需要设计相应的机制,包括物质激励机制和非物质激励机制,去满足员工的需求,激发员工的动力,进而推动员工在追求自我目标实现的过程中,顺带实现企业的既定目标。

经营人的核心就是经营人的需求

企业经营到底在解决什么问题？从更高的层面来讲，一切经营的核心都在人，都是在人的思维和行为的影响下采取的一系列行动。经营企业就是在经营人，经营人的核心就在于经营人的需求。

经营人是小企业与大企业的本质区别

小企业与大企业到底有什么区别？二者最本质的区别就在于：小企业经营事，大企业经营人。小企业老板总是在埋头做事，一步一个脚印，走好每一

> 小企业与大企业到底有什么区别？二者最本质的区别就在于：小企业经营事，大企业经营人。

步；而大企业始终在盯着人才，哪里有优秀人才、哪里有优秀团队，怎么样做才能吸引人才加盟，如何调动人才为企业做事，如何帮助员工在工作的同时实现自我价值和自我梦想的飞跃。

小企业依靠老板带头做事，大企业依靠建立标准、规范流程，重在规范人的行为，激发人的动力。一家只有几个人的小企业，老板每天想的问题可能就是如何把产品卖出去，如何把成本收回来；而一家拥有成百上千人的大企业，老板更多的是思考如何挖掘优秀人才，如何让他们在规定的框架内挖掘自身的潜能，从而帮助公司实现既定目标。

我曾经为一家做窗纱生意的企业做过咨询。这家企业的产品做得不错，在全国范围广受欢迎，却有一个问题始终困扰着老板，那就是企业的营业额最高只能做到5000万元，始终不能超越这个高度。为此，爱学习的老板多次聘请培训师来企业进行培训，培训的内容涉及执行力、战略、团队管理、责任与忠诚度等多个主题。遗憾的是，尽管课听了很多，学习次数也不少，情况却没有明显的好转。此外，密集培训还带来了一个副作用：很多员工对培训产生了抵触情绪，一提培训就觉得很厌烦。

我介入咨询之后，进行了细致的调查，结果发现：该企业并不缺少执行、战略、团队管理等方面的能力，出问题的是老板的经营思路。

老板握有四分之一的核心客户，却不放心把这些核心客户放给下面的员工。企业有一名销售总监，却有名无实，更多的时候在监督下属，听取下属汇报工作，简直就是老板的传声筒。企业的五个销售经理倒是像五台开足马力的发动机，不仅掌握二分之一的客户资源，还各自带领十人的销售团队，分区域独自开展工作。

由此，我们不难发现：整个企业从上到下都沉浸在销售这件事上，对人才，尤其是核心高管的培养和打造出现了缺位，老板没有领会到经营的核心奥秘。实际上，经营的核心奥秘也并不难破解：如果老板把全副精力都放在经营事上，就常会因为精力有限，而只能在某些事情上来回打转；如果老板关注经营人，就可以利用人才去帮助自己完成更多、更大的事情，就可以运用更多的精力去思考企业的发展方向等方面的问题。

针对上述情况，我给该企业老板的建议是：将手中的客户资源逐步下放给各销售经理，然后设计相应的激励机制，如提高经理提成比例、降低销售提成、增加基层销售人员基本工资、设计人才培养激励计划，督促销售经理将自己的客户下放给基层销售人员，让销售经理更多地参与到管理中，培养销售主管。在条件合适时，提拔优秀人才充实管理队伍。

经过一系列调整，老板把只是关注事的思维转变为更加关注人，关注如何设计相应的激励机制调动人的干劲儿，管控人的不良行为，依靠人才实现基本生意单元的复制。

结果，不到一年，该企业营业额就迅速突破2亿元，老板并没有诸事缠身，且有更多的时间去学习和研究企业的发展方向了。

产品、服务只是企业经营的媒介

我们发现，每个行业虽然都有自己的特点，但是彼此之间又有相通之处。这个相通之处就是前文探讨过的"经营企业的核心是经营人"。而要体现这个相通之处，就需要靠产品或服务这些企业经营活动中的媒介了。

为什么这样讲呢？做企业就是通过一件事将一群人聚集在一起，依靠这群人，借助产品或服务去满足另一群人的需求，获得相应的回报，之后将获得的收益进行分配，激发内部人员再次去满足外部客户的需求，再次分配，如此循环的过程。因此，产品或服务就是企业内部员工与外部客户对接的桥梁。

既然产品或服务只是企业经营中的媒介，那么是不是老板在经营企业的过程中，就没有行业的分别，优秀的老板能做好卖书的生意，也能做好开餐厅的生意呢？话只说对了一半。要实现这个目标，老板还必须了解和掌控从事这一行业的媒介。只要稍稍留心,我们就不难发现:优秀的企业家无论做哪行都能做得很好,不善于经营的老板做哪行都感觉很吃力。实际上,核心观念一变,经营企业的方法自然出现。

当掌握经营企业的核心奥秘的时候,我们发现,企业虽然有行业之别,老板经历也各不相同,但企业经营的实质都是一样的,都是在经营人。

企业经营实质上是在经营需求

经营企业最终会归结到经营人的需求上来。客户有需求,才会有市场,才能有企业生存和发展的空间。同样,员工有需求,企业才能通过满足员工的需求来调动他们的积极性,增强他们工作的动力,促进他们为实现企业的既定目标而努力。

根据马斯洛的需求层次理论,人的需求可以分为生理需求、安全需求、社交需求、尊重需求、自我实现的需求;根据需求隐藏的深浅,可以分为表层需求和潜在需求;根据需求出现时间的远近,可以分为现在需求和未来需求。正因为需求多种多样,老板经营企业时就要学会发现需求,引导需求,满足需求。

我们仍以导言中出现的那个踩草皮的事情为例。为了方便，很多工友在下班之后都会踩着草皮走到厂门口。尽管不久之后，草皮边上就竖起了"乱踩草皮者，罚款××元"的牌子，罚款金额也从10元、50元变成了100元，但仍有人"犯规"。这是什么原因呢？因为管理者用的是"管"的方法，而且事情越"管"越多，工友们也越来越反感。

最后，聪明的管理者解决了这个问题：在人们踩出的道路上直接铺上砖头，倒上水泥，把它变成步行小道。这样一来，工友们可以减少走到厂门口的时间，草皮得到了保护，管理者和工友们之间的矛盾也解开了，取得了一举三得的效果。这才是聪明的领导者。所谓领导者，就是带领别人实现别人的目标，顺带实现自己的目标的人。

生存是人生的第一要务。很多员工都处在为自己的生存努力、为实现自己的职业理想而奋斗、顺便帮老板干点事情的状态。这是最基本的人性。如果老板为此就说这个员工不忠诚、那个员工不懂感恩，就违背了人性，违反了自然规律，更会引起员工的"反弹"。员工会说："不是我不忠诚，是你不值得我忠诚；不是我不感恩，是你不值得我追随；不是我不负责任，是你不值得我跟着你干。"所以，老板在经营企业时，一定要从员工的需求出发，善于发现员工的价值，并及时给予鼓励和肯定。

从营销的角度来看，企业更应该挖掘客户的潜在需求。

俗话说，会卖的卖感觉，不会卖的卖功能。这里提到的"功能"就是指满足客户的表层需求，而"感觉"是一种潜在需求，一种不易被企业捕捉到的东西。

从企业战略来考虑，企业既需要考虑目前客户的需求，又需要考虑未来客户需求的变化；既要确定整体发展的布局，又要根据实际情况的变化而随时进行调整。否则，当企业不能有效满足客户的需求时，再好的产品也会成为滞销货。

以诺基亚为例。起初，诺基亚手机质量好，性价比高，满足了客户对手机使用的需求，所以手机销量稳步攀升，一跃成为行业老大。但是，随着苹果手机的强势闯入，消费者的使用习惯发生了改变，智能手机为用户带来了全新的使用体验。遗憾的是，诺基亚并没有意识到苹果手机带来的"威胁"。面对市场的变化和消费习惯的变化，管理层反应迟缓，出现了战略失误，并没有随着行情的变化调整自己的产品，结果销量一路下滑。最终，企业丧失了行业领头羊的地位不说，还成了微软收购的对象。

从企业内部管理的角度来看，企业需要设计相应的机制来满足员工的需求，进而推动员工努力工作，积极进取。而且，不同能级的员工的需求层次是不一样的。职工级、职员级的员工可能只是关注工资高低，基层管理人员关注晋升通道，高级管理人员追求更大的财富效应，老板关注自身价值的实现。因此，企业需要设计相应的激励机制，分清对什么人实行薪酬激励政策，对什么人实行股权激励政策，对什么人实行文化激励政策等。关于这些，我们将在后面章节中进行详细阐述。

设计机制引爆团队，实现企业、员工双赢

企业团队是企业发展不竭的动力之源，更是企业实现基本生意单元有效复制的核心力量。如何激励团队，让他们按照企业的意愿自动自发、高效工作，推动企业快速向前？如何在实现企业既定目标的同时，实现员工的自我价值？老板只有用机制去引爆团队，才能取得企业与员工的双赢。

良好的机制可以引爆团队

我曾经受邀为一家做煤炭发电生意的企业做咨询。这是一家地方性的煤炭发电厂。发电厂每天用运来的煤燃烧发电，再把电输送给当地的其他工厂和居民。由于原料、运输成本不断

上涨，发电厂的生产成本不断攀升。因此，降低成本成了企业最急需解决的问题。

如何做才能降低成本呢？因为原料、运输成本都属于不可控因素，所以提高煤炭利用率就成为很现实的选择。经过一段时间的调研，我发现：这家发电厂的煤炭利用率很低，核心原因在于工人的用心程度不够。为什么会这样呢？原来，工人每天都做着同样的工作，领取固定的工资，因此工作积极性并不高，更不用说会想办法提高煤炭利用率了。

对此，在我的协助下，发电厂修改了相关的激励机制：将工人原来每月固定的3000元工资作为基数，如果能想办法提高煤炭利用率即可得到相应的提成，提成的比例为每吨煤发电量提升的数额乘以2。比如，之前工厂烧煤，平均每吨煤可以发电2000度，现在如果工人想办法将每吨煤的发电量提升到了2500度，那么这位工人本月将得到1000元的提成，月末的时候总计可以领取4000元。

激励机制一变，工人的积极性立即得到了提高，他们总是会主动想各种办法来提升煤炭利用率。以前把煤铲到锅炉里就完事大吉，自己就在一边做各种事儿消磨时间，等到煤快烧完就接着再铲煤……在原来的机制下，大家不仅丧失了工作的积极性，而且很多时候煤炭燃烧都不充分，烟囱浓烟滚滚，发电量也深受影响。现在，工人们会想尽办法提升煤炭利用率，比如用很长的钢管将煤炭架空，让煤炭充分燃烧；

每次铲煤尽量"少吃多餐",让火焰更猛烈一些等。工人再没有时间去打牌,而是一心想着提升煤炭利用率。

3个月之后,发电厂专门进行了统计,最后发现:与之前相比,现在企业的煤炭利用率提高了50%,生产成本降低了30%,而由于工人的提成多支付的工资却只增加了10%。

在上面的案例中,尽管该厂生产力并没有提升,生产效率却大大提升,其中小小的薪酬机制发挥了巨大的作用。由此可见,良好的机制不仅能推动企业快速发展,更能帮助员工实现自身价值。

机制设计重在顺应员工的需求

机制设计的核心着眼点在于顺应人的需求,在于在现有机制框架下对未来实现自我价值的一种追求。机制的设计能够顺应企业中的"民心""民意",那么员工就能自动自发地帮助企业实现既定目标;反之,员工就会失去工作的积极性,企业发展就会遇到阻碍。

> 机制的设计能够顺应企业中的"民心""民意",那么员工就能自动自发地帮助企业实现既定目标。

平时,我们会看到不少老板时常抱怨自己的员工,觉得他们不努力、不勤奋，更不知道感恩。殊不知，企业本身的机制就存在很大的问题。现实情况是，如果老板将员工定位为打工者，那么员工就会有打工者的思维和心态；如果老板将员工定位为企业的主人，那么员工就会将自己视为企业的主人翁，从而自动自发地去努力实现企业的既定目标。

我有一位学员张总就曾为此苦恼。他始终想不明白，为什么和自己一起并肩打拼多年的营销总监李总会离职。李总的离职让公司的营销业绩大幅下滑。难道李总对自己辛苦数年打造的公司没有一点感情？这让张总痛苦不堪。

据张总介绍，李总是公司的元老级员工。公司只有两三个人时，李总就加入了公司，并负责销售工作。经过四五年的努力拼搏，他为公司在市场上"开疆拓土"，并打造了一支规模上百人的营销队伍。张总自认没有亏待过李总，不仅让他坐上了营销老总的位置，还把他的薪酬从年薪不足1万元提升到现在的30万元。除了正常的年薪，李总还可以享受专门的团队业绩奖励。

"老师，这样难道还不可以吗？"张总提出了自己心中的疑问。我并没有急于回答这个问题，而是问了张总一个问题："那你有没有给李总股份呢？""没有！"张总回答得非常痛快。其实，这就是问题所在了。

公司的元老级员工和核心高管，竟然没有自己公司的股份！李总的离职再正常不过了。因为李总虽然是公司的核心高管，但在公司内部的定位仍然只是个打工者。如果说李总以前只是业务能力突出，那么经过四五年的努力之后，他已经掌握了自己创业的一整套成功因子，又有很好的人脉和资源的积累，却享受不到相应的待遇，那么他为什么不能离职，为自己寻找更好的选择呢？

由此可见，对于企业的核心高管，简单的薪酬激励很多时候并不能收到很好的效果。这时，企业就需要实行新的激励机制，比如股权激励，实现核心人才的利益捆绑。这样，优秀的人才就会成为企业的股东，成为企业的半个老板。即便他们有离职的想法，也会考虑代价成本，不会轻易离开。

老板设计机制时要有系统性思维

一般来说，企业的机制包括物质激励机制、文化激励机制、公司约束制度三个方面。

物质激励包括薪酬激励、股权激励、晋升机制中涉及薪资提升的部分等，文化激励包括榜样激励、会议激励、PK激励、荣誉激励、晋升激励中涉及职位变化的部分等，而公司约束制度通常是指规范员工行为的一系列管理制度。

企业老板在设计机制时，既需要考虑中短期，又要考虑长远，既要有战略上的规划，又要有战术上的考量。例如，我们为一位核心高管设计相应机制时，既需要考虑给予他多少工资薪酬、奖金、提成比例，又需要考虑应该给予多少股份来激励他，还需要考虑设计怎样的规章制度约束他的不良行为等。

而要实现企业机制的成功设计，就需要老板具有系统性思维。什么是系统性思维呢？系统性思维就是老板在设计企业机制时，必须全方位、多角度地进行长远考虑，做到可攻可守、可进可退。究其原因，就是由于企业机制不是某一种机制，而是多种机制的组合。多种机制的组合，可以发挥其自身的优势弥补单一机制带来的不足，进而实现老板的解放、企业的"自转"。

> 系统性思维就是老板在设计企业机制时，必须全方位、多角度地进行长远考虑，可攻可守、可进可退。

好的机制要激励、约束并存

由于企业的机制设计要顺应员工的需求，所以老板在设计机制的时候需要从人性的角度来思考。关于人性，自古以来就有两种说法：一种是以孟子为首的"性善论"，一种是以荀子为首的"性恶论"。

到底是人性本善,还是人性本恶呢?如果人性本善,那么各种规章制度就显得非常多余,老板就没有必要设计各种条条框框来约束员工的行为;如果人性本恶,那么激励体制也不会起什么作用,发再多的工资、给再多的股份,员工也不会努力工作。

那么如何来界定人性呢?人都有追求、实现自我价值的需求,都喜欢从自我角度出发考虑问题。因此,人性本私,既有善的一面,又有恶的一面。而企业经营实质上就是在通过引导员工的私,来激发其善的一面,抑制其恶的一面。

同样,好的激励机制也是从人性的角度出发的,通过满足员工的私心私欲,激发员工的动力,抑制员工的不良行为。所以,好的机制必须是激励与约束共存的。

只要稍微留意一下,我们就不难发现:不少企业在设计企业机制的时候就没有同时考虑激励与约束这两个方面。比如,企业发布了一些规定,规定的内容就是员工违反企业规章制度要受处罚,扣工资、通报批评等都是家常便饭,却从不表扬做得出色的优秀员工。做得好也没有任何奖励,所以员工工作的积极性不高,抱怨却不少。时间一长,整个企业都丧失了发展的动力和活力,员工每天想的就是什么时候离职去其他单位多挣钱。

因此,作为企业老板,要始终抱着这样一种心态:没有不好的员工,只有不好的机制。机制对了,即使不合格的员工也能发挥出自身的潜能,实现自我价值的超越。

| 第 3 章
| 经营人：经营人的需求，实现企业员工双赢

经营环境不同，激励策略不同

在设计薪酬政策时，老板只需要干好一件事，那就是"分账"。原因很简单，财富、权力分得好，企业才能获得发展。那么，老板该如何进行"分账"呢？如果把钱和权都分出去了，老板丧失了对企业的掌控力，只能是得不偿失；如果钱和权分出去的太少了，员工又会没有动力，最后变得和老板离心离德。所以说，钱和权的分配是一种平衡的艺术。

老板敢分钱，会分钱，需要坚持这样一条原则：分给员工的钱，对内要具备公平性，对外要具备竞争性。所谓公平性，并不是说每个人分得的钱都要一样多，而是说要在同等条件下保持同等的分配比例。

> 老板敢分钱，会分钱，需要坚持这样一条原则：分给员工的钱，对内要具备公平性，对外要具备竞争性。

市场策略不同，销售模式不同，企业发展能级不同，员工发展能级不同，竞争对手不同，以及企业自身财务状况不同，都会影响分钱的比例或方式。

因此，企业设计薪酬政策时要综合考虑多重因素，但分钱的目的只有一个，那就是调动员工的积极性，通过产品或服务去满足客户需求，获得利润回报，进而实现再次"分账"，并做大做强企业的目的。

不同市场竞争策略的薪酬政策

为什么企业做得很辛苦，总是赚不到钱，老是在与别人打"价格战"？这是企业竞争策略不明的表现。企业老板必须了解企业的竞争策略是什么。只有了解了竞争策略，老板才能做出正确的决策。

企业老板在做决策时，一定要考虑三个问题：一是企业的市场需求是什么；二是和竞争对手比较，企业的优势在哪里，劣势在哪里；三是与竞争对手比较，企业的机会在哪里，企业会遭遇怎么样的威胁和挑战。

从客户的需求、企业与竞争对手强弱的比较两个维度进行考虑，我们来分析不同市场状况下企业的营销策略以及薪酬政策，具体如图3-1所示。

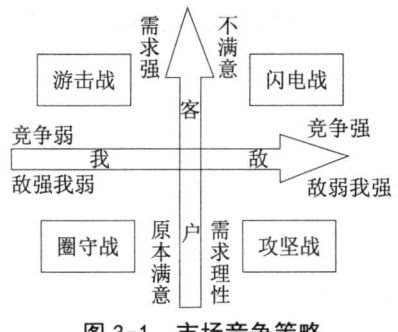

图 3-1　市场竞争策略

"游击战"

当企业自身实力不强，但竞争对手实力很强，所在区域客户需求又比较旺盛时，企业可以在该区域发动"游击战"。

所谓"游击战"，就是避开竞争对手的优势"兵力"，集中自身的优势力量，专攻竞争对手的薄弱环节的做法。"游击战"要求企业避开竞争对手的锋芒，寻找对方的弱点，攻其软肋。

比如，我想开一家小型百货超市，可是，我选定的区域突然开了一家大型购物超市。这时，如果我还是坚持在原来的选址开店，那肯定是"找死"，因为大型超市品种全，还可能有价格优势。意识到这一点之后，我就需要改变策略，考虑在这家大型购物超市未能覆盖的地方开店，避其锋芒，寻找自己的生存和发展空间，积蓄力量。美宜佳就是这样做的。它将连锁店开在生活小区，避开了与沃尔玛、人人乐、华润万家等大型购物超市的直接竞争，从而使自己旗下的连锁便利店得以快速发展。

"游击战"的薪酬政策要求底薪适中；提成一定要比较高，以便刺激"游击队员们"努力"攻城夺寨"；在这种战法下，基本上没有综合奖励；考核则主要倾向于结果。因为在激烈的市场竞争中，"游击战"提倡的是"八仙过海，各显其能"的运作方式，所以在考核上特别注重结果。

> 在激烈的市场竞争中，"游击战"提倡的是"八仙过海，各显其能"的运作方式，所以在考核上特别注重结果。

"闪电战"

当企业实力较强，市场空白点很多，客户需求还没有被完全激活，企业完全处于有利地位时，企业可以采用"闪电战"，迅速"跑马圈地"，抢占市场。

"闪电战"成功的核心在于速度，要求"快"字当头。天下武功，唯快不破，就是这个道理。"闪电战"能将比自己弱小的竞争对手迅速瓦解。国美电器当初就采用"闪电战"，迅速在全国开店，同时运用"大鱼吃小鱼"的方式，兼并、整合竞争对手，让自己迅速成为家电零售行业的领导者。

采用"闪电战"能迅速打败竞争对手，让自己处于领头羊的地位。但是，需要注意的是，这种战法对企业自身要求较高，要求企业自身实力一定要强大。

"闪电战"的薪酬政策要求底薪比较低，提成比较高，综合奖励比较少，考核倾向重结果。所谓重结果，就是将考核的侧重点放在是否卖出产品与是否收回货款上面。至于中间的销售过程，企业并不进行过多的干预。既然使用"闪电战"，既然以结果为导向，那么就必须给予销售人员较高的提成，以确保对销售人员的激励。

> "闪电战"的薪酬政策要求底薪比较低，提成比较高，综合奖励比较少，考核倾向重结果。

"攻坚战"

当行业竞争激烈，客户需求逐步走向理性，市场处于饱和状态时，企业只能采用"攻坚战"，徐徐图之，逐步增强自身的实力。

"攻坚战"阶段，企业需要逐步提升产品和服务质量，提高企业的市场营销水平。例如，国内智能手机市场竞争非常激烈，手机生产厂家都在想方设法提升自己的产品和服务，提高产品的知名度和美誉度。

"攻坚战"的薪酬政策要求底薪必须定得比较高。由于市场竞争激烈，如果底薪不高，很难招来优秀的人才。此

> "攻坚战"考核对于过程和结果都很看重——既要遵循规范的流程，又要把卖产品收回货款作为工作重点。

外，提成也不能太低，应该适中；综合奖励也要适中，可以通过综合奖励来提供一定的支持力度；考核对于过程和结果都很看重——既要遵循规范的流程，又要把卖产品收回货款作为工作重点。

"圈守战"

当企业具备了一定优势，但是市场趋于饱和，竞争异常激烈时，企业迅速抢占市场已经变得不现实。要避免其他竞争对手的蚕食，企业可以采用"圈守战"。

"圈守战"是一种比较保守的攻势，需要步步为营，稳扎稳打，逐步推进，才能发挥效用。例如，高端品牌进军一个竞争异常激烈的市场时，往往会采用"圈守战"的打法，利用品牌优势，打败竞争对手，逐步扩大市场份额，蚕食竞争对手的市场。

"圈守战"的市场策略要求销售人员具备一定的素质，底薪不能太低，应该适中；提成一定不能太高，否则容易陷入对短期利润的追求；综合奖励应该定得比较高；考核倾向注重过程，宁可让产品的销售速度和市场增长速度慢一点，也要把过程控制住，使客户群体认可企业以及销售人员本身，从而为以后的推广做准备。

目前，对于广大的中小民营企业来说，比较适合采用"游击战"的市场策略，尤其是市场竞争激烈的行业。中小企业实力不强,需要寻找细分行业、细分市场,差异化定位,逐步提升壮大自身成功的因子。

"圈守战"考核倾向注重过程,宁可让产品的销售速度和市场增长速度慢一点,也要把过程控制住,使客户群体认可企业以及销售人员本身,从而为以后的推广做准备。

四种不同的市场策略,决定了企业在设计薪酬时会有很大的差别。我们从底薪、提成、综合奖励、考核倾向四个维度进行思考,制定了相应的表格,具体如表3-1所示。

表3-1 市场策略对薪酬设计的制约

市场策略	底 薪	提 成	综合奖励	考核倾向
"游击战"	中	高	少	重结果
"闪电战"	低	高	少	重结果
"攻坚战"	高	中	中	过程与结果并重
"圈守战"	中	中	高	重过程

企业不同发展阶段的薪酬政策

处于不同发展阶段的企业,其薪酬政策也有很大的差别。专业户、个体户阶段,企业尚处于生存期,因此营销人员的底薪往往比较低,甚至没有,而提成点却很高。同时,综合奖励比较少,即使有奖励,大部分也是因为员工的表现直接从市场上获得收益而进行的奖赏。企业发展阶段对薪酬设计的制约，具体如表 3-2 所示。

表 3-2 企业发展阶段对薪酬设计的制约

发展阶段	底薪	提成	综合奖励	考核倾向
生存期	低	高	少	8分结果，2分过程
发展期	中	高	中	6分结果，4分过程
高产期	中	中	高	5分结果，5分过程
平稳期	高	少	高	6分结果，4分过程

公司化阶段，企业处于快速发展时期，员工底薪与之前相比会有所提升，提成也保持在一个较高的水平，综合奖励虽然较少，但是比以前多了些，可能会有不少是用来奖励员工优秀的行为表现。企业开始进行绩效考核，但是考核指标比较简单。

部门化、集团化阶段，企业处于高产期，实力大增，因此底薪会再次提升，而提成点会适量降低一点，综合奖励非常高。绩效考核得到重视，绩效薪酬占据较大的比例。

产业化、资本化阶段，企业进入平稳期，实力雄厚，在行业中占据举足轻重的地位。这时候的薪酬政策是底薪非常高，提成点较低，综合奖励很多也很高，员工的福利很好。

不同销售模式的薪酬政策

效能型销售的薪酬政策

效能型销售中间过程环节比较多，需要用较长时间去打通关节。客户结构比较复杂，采购方也多为集体决策。同时，整个销售周期比较长，对于销售人员来说，需要付出更多的心血。

比如，工业品、大型系统解决方案或大型设备，或相关服务的销售过程，都属于效能型销售。

针对上述特点，效能型销售人员的管理，需要注重以下几点。

第一，注重销售过程中的关键点。

以效能为导向的销售过程比较长，中间环节也比较复杂，因此全程控制销售的各个环节不太现实。这就决定了效能型销售的管理需要老板注意把控销售过程中的关键点。

这些关键点主要包括四个，即接触、方案展示、价格谈判和促单投标。

第二，注重发掘销售人员的创造力。

在效能型销售中，如果销售人员有一些想法，只要不影响大局，应该抱宽容的态度，这样才能使他们有创造力；如果用各种条条框框将销售人员完全限制住，那么即使是有创造力的人也很难发挥出应有的水平。

第三，注重整体配合。

即使一位销售人员只能签一个订单，也不能让他"孤军奋战"。在必要的时候，销售支持人员、销售管理者也一定要出面给予支持和配合。这就是效能型销售中有名的"三线结合"或"三线支持"。这样便于老板管理控制项目的进程及售后工作，完美地拿到订单，开展项目合作。

第四，注重长线发展和稳定。

在注重长线发展和稳定上，有两点需要注意：首先，考核周期相对要长，一般都在半年以上；其次，底薪设计相对比较高，让营销人员有一种稳定、均衡发展的感觉。如果这两点控制不好，容易诱发营销人员的短期行为，反而"欲速则不达"。

效能型销售模式的特点决定了薪酬政策偏向沉稳。一般来说，效能型薪酬政策底薪较高，提成较低。但是，由于销售金额比较大，即使提成点较低，也会有较大的金额。

效能型销售模式综合奖励比较高。综合奖励可以考虑多个方面，包括竞争对手状况、企业自身财务状况等。

效能型销售比较注重过程考核。当然，重点还在结果上。因此，在绩效薪酬的设计上，企业要注重推动销售人员在过程中创新，从而最终实现企业业绩的提升。

效率型销售的薪酬政策

效率型销售模式涉及金额小，交易频繁，要求销售的覆盖面一定要广，拜访的客户群数量要大或者次数要多，这样才能产生良好的销售绩效。

比如，个人寿险的行销、化妆品销售等都属于效率型销售，都要求销售人员充满激情地重复去做。

针对上述特点，效率型销售人员的管理，需要注意以下几点：

第一，注意控制整个过程。

与效能型销售相比，效率型销售更注重控制整个销售过程。例如，针对柜台导购销售，老板就需要控制导购员的每一个动作细节，包括如何问候客户、如何探寻客户的背景、如何有效地进行产品展示、如何有效地处理客户异议、如何推动客户购买流程等。完成每一个动作细节的分解之后，老板还要要求导购员反复进行演练。

第二，注意细节的固化——把所有的过程都固化。

效率型销售更加注重细节的固化，即把所有的过程都固化下来。这个固化的过程很多时候都表现在销售手册中。老板会在销售手册中对每一个动作进行固化，然后让导购员牢记相关的内容。这样，在运用的时候，每一个细节都会自然而然地浮现，为销售人员节省了调动思绪反复思考的时间。

第三，注重团队的积极氛围。

效率型销售需要注重团队的各种互助活动，始终保持一种积极的氛围。比如，保险公司一般都会注意保持内部氛围的积极和谐，目的就是激发团队斗志，缓解员工承受的压力。

第四，注重内部竞争意识。

注重内部竞争意识主要包括三个方面：第一，强调末位淘汰，比如每月都要做业绩排名；第二，强调小组竞赛，比如将一支销售队伍分成两个组，进行 PK；第三，积极奖励，比如每到一定阶段都要对销售队伍进行评价，对表现优秀的人员进行奖励。

总体来说，效率性销售模式的整体风格是：听话照做绝对服从，销售收款绝不手软，按部就班。

效率型销售模式的薪酬特点是，底薪比较低，甚至有不少小公司采用无底薪的模式，提成比较高。这样，员工之间的贫富差距较大，狼性更强。综合奖励比较少。在考核方面，特别注重结果，他们的收入大部分来自结果。

效能型销售与效率型销售模式的薪酬对比，具体如表3-3所示。

表3-3　两种销售模式薪酬政策对比

销售模式	底薪	提成	综合奖励	考核倾向
效能型	较高	较低	较高	过程创新求得结果
效率型	较低	较高	很少	固化过程追求结果

运用股权激励激活高效人才

股权激励实现人力资本最大化

什么是股权激励？就是通过获得公司股权的形式给予企业经营者一定的经济权利，使他们能够以股东的身份参与企业决策、分享利润、承担风险，从而勤勉尽责地为公司的长期发展服务的一种激励方法。

> 股权激励是通过获得公司股权的形式给予企业经营者一定的经济权利，使他们能够以股东的身份参与企业决策、分享利润、承担风险，从而勤勉尽责地为公司的长期发展服务的一种激励方法。

股权激励是吸引和留住优秀人才、实现利益捆绑的有效工具。企业如何通过股权激励激活核心团队？如何让优秀人才死心塌地为企业的长远发展效力？股权激励是实现企业家捆绑优秀人才最有效的武器。

股权激励是对人力资本的再次开发。人力资本是现代企业中不可或缺的最重要的生产资源之一，开发人力资源、实现人力资本最大化是推动企业快速发展的有力保障。实施股权激励就是授予激励对象一定的股权，让激励对象有更多获取企业剩余价值的机会，及时消除企业经营者的短期行为，引导他们关注企业的长期发展。

第一，吸引人才。

股权的财富效应带来的魅力是所有人都无法阻挡的。股权激励给了企业经营者实现当初财富梦想的机会和可能，同时让员工成为企业的主人，在企业平台上施展自己的才能，通过努力获得更多的回报。正是因为它有这样的价值，所以能吸引更多优秀人才加盟。

第二，约束人才。

股权不是随便就给的，股权激励相关的限制性条款是约束激励对象行为的有效工具。例如员工要获取股权激励，就需要满足一定的业绩指标，并遵循一定的行权条件、红利发放条件及规则等。这样，可以让激励对象在争取获益的同时，不会轻举妄动。股权激励之所以被誉为"金手铐"，一方面是因为有高额的回报，另一方面是因为有约束性条款。

第三，留住人才。

如果股权激励对象离开了企业，往往就会遭受重大损失。这种损失主要表现在未来收益损失。例如，企业不断升值，激励对象拥有的股票期权的价值在未来可能会翻好几番。如果现在离开，还未能获得相应的行权资格，除了当初花钱购买股票的资金，拥有的期权分文不值；如果已经行权，但是还处于锁定阶段，那么对于被锁定的部分，激励对象可能只是拿到当初购买股份的资金，而享受不到股份增值带来的收益。

第四，减小风险。

拥有企业的股份，一方面可以获得高额的回报，另一方面需要承担相应的风险。风险与回报总是相辅相成的。当企业出现经营不善、业绩持续下滑的情形时，经营者手中拥有股份的价值会随之下滑，收益也会相应减小。

第五，降低薪酬压力。

股权激励是在用市场的钱、未来的钱、员工的钱来激励企业经营者。作为固定薪酬支付的部分替代，企业可以给予激励对象更低的固定薪资待遇，而通过股权激励进行平衡，降低企业现金支出的成本压力。

在设计股权激励方式时，股权激励的延迟支付、红利转股等方式也可以有效缓解一次性发放现金过多给企业带来的资金压力。

第六，推动企业持续快速发展。

引入股权激励，就要求经营者对企业业绩的考核改变一下方式，不但要关注本年度的财务数据，而且要关注将来的价值创造能力。

此外，作为一种长期激励机制，股权激励不仅能使经营者在任期内得到适当的奖励，而且部分奖励是延期兑现的。这就要求经营者不仅关心如何在任期内提高业绩，而且必须关注企业的长远发展，以保证获得自己的延期收入。

通过股权激励，企业可以进一步弱化经营者的短期行为，更有利于提高企业在未来创造价值的能力和长远竞争的能力。

股权激励常用工具

股权激励可选用的工具有很多，但并不是每种工具都适合我们的企业。在具体运用过程中，老板需要根据企业发展的实际情况来选择。一般来说，经常使用的股权激励工具包括：股票期权、虚拟股票、期股、干股、业绩股票、股票增值权。

第一种，股票期权。

股票期权是较常用的一种股权激励模式，也称认股权证，实际上是一种看涨期权。它是指企业授予激励对象的一种权利，激励对象可以在规定的时间（行权期）内，以事先确定的价格（行权价），购买一定数量的本企业流通股票（行权）。

股票期权只是一种权利，而非义务，持有者在股票价格低于行权价时可以放弃这种权利，因而对股票期权持有者来说没有风险。此外，股票期权的行权也有时间和数量限制，且需激励对象自己为行权支出现金。

目前，在我国，有些上市公司中应用的虚拟股票期权是虚拟股票和股票期权的结合，即公司授予激励对象的是一种虚拟的股票认购权，激励对象行权后获得的是虚拟股票。

假如公司股东允诺，激励对象可以用当年公司股票的价格（如10元/股），购买3年后的股票若干股，3年后每一股股票的价格可能已升至 25 元，那么，价差 15 元就是股票期权带给被激励人的收益。具体如图 3-2 所示。

通常情况下，股票期权的授予对象是：上市公司的董事、监事，以及高级管理人员、核心技术（业务）人员、公司认为应当激励的其他员工，但不包括独立董事。

但是，下列人员不得成为激励对象：近 3 年内被证券交易所公开谴责或宣布为不适当人选的人，近 3 年内因重大违法违规被中国证监会予以行政处罚的人，以及《中华人民共和国公司法》规定不得担任公司董事、监事、高级管理人员的人。

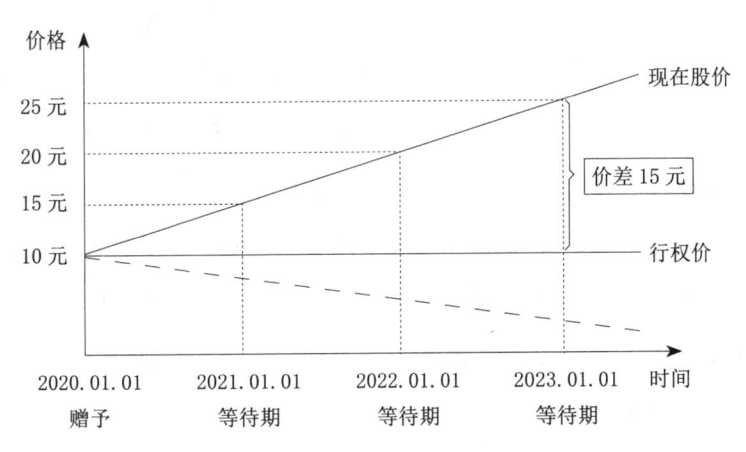

图 3-2 股票期权的原理

第二种，虚拟股票。

虚拟股票并非真正的公司股票，而是在公司内部虚构出一部分股票，仅在账面上反映，采用内部结算的办法，在企业奖励资金中单独列出虚拟股分红专项资金。

非上市公司的虚拟股票，可以称为虚拟股份，它是一种模式持股计划。

虚拟股票将股份的所有权和收益权分离，持有人只有股份的分红权和增值收益权，而没有表决权、所有权。虚拟股票不需要工商登记，也不需要修改公司的章程，易于操作，避开了法律、法规的限制。

> 虚拟股票一般不需要激励对象花钱购买，因此对于企业来说，会有较大的现金压力。

虚拟股票一般不需要激励对象花钱购买，因此对于企业来说，会有较大的现金压力。它并不适用于每家企业。如果企业的现金流并不充裕，虚拟股票激励模式往往会令企业遭遇非常大的压力。

虚拟股份在非上市企业应用广泛，可以与其他股权激励工具组合使用，设计成为一种可转换的方式，将相应的虚拟股份转化为真正的实有股份。

第三种，期股。

期股是经营者通过部分首付、分期还款而拥有企业股份的一种股权激励方式。它是企业所有者向经营者提供激励的一种报酬制度，有效地解决了经理人购买股份一次性支付现金不足的问题。

> 期股实行的前提条件是：公司制企业里的经营者必须购买本企业的相应股份。

期股实行的前提条件是：公司制企业里的经营者必须购买本企业的相应股份。具体体现在企业中，就是企业贷款给经营者作为其股份投入，经营者对其有所有权、表决权和分红权，其中，所有权是虚的，只有把购买期股的贷款还清后才能实际拥有；表决权和分红权是实的，但是分得的红利不能拿走，需要用来偿还期股。

期股变实股的前提条件是：必须把企业经营好，有可供分配的红利。如果企业经营不善，不仅期股不能变实，投入的本金都可能亏掉。

与其他工具相比，期股具备五大优点。

第一，股票的增值与企业资产的增值、效益的提高紧密联系。这就促使经营者更加关注企业的长远发展和长期利益，经营者的股票收益难以在短期内兑现，从而在一定程度上避免了经营者的短期行为。年薪制加期股的激励模式已被越来越多的企业认可。

第二，经营者的股票收益中长期化。也就是说，经营者的利益获得也将是渐进的、分散的。这在一定程度上避免了由于一次性重奖使经营者一夜暴富的情况，减少经营者与员工收入差距过大带来的矛盾，有利于企业的内部稳定。

第三，可有效解决经营者购买股票的融资问题，从而实现以未来可获得的股份和收益来激励经营者今天更加努力地工作的初衷。

第四，股票来源多种多样，既可以通过个人出资购买，也可以通过贷款获得，还可以通过年薪收入（或特别奖励）中延迟支付部分转化而成。

第五，股票收益将在中长期兑现，可以是任期届满或任期届满后若干年一次性兑现，也可以是每年按一定比例匀速兑现或加速兑现。

第四种，干股。

干股是指在公司的创设过程中或者存续过程中，公司的设立人或者股东依照协议无偿赠予非股东的第三方的股份。持有这种股份的人叫作干股股东。

干股具有如下特点：第一，干股是协议取得，而非出资取得的；第二，干股的取得和存在往往以一个有效的增股协议为前提；第三，干股具有赠予的性质，股东资格确认完全以赠股协议为准；第四，干股受无偿赠予协议的制约，协议的内容也在章程中体现；第五，赠股协议具有可撤销、无效、解除等情形，一旦出现上述情形，被赠予者就会失去股东资格；第六，干股股东的权利和义务，比如股利请求权、表决权等，由协议确定。

干股的取得有以下形式：

第一，干股既可以是部分股东对股东之外的人赠予的股份，又可以是全体股东对股东之外的人赠予的股份。

第二，干股既可以在公司创设时取得，也可以在公司存续期间取得。如果股东在公司存续期间取得干股，公司并没有扩资发行新的股份，则原有股东所持股份比例随之下降。

第三，干股可能是附条件股份赠予，也可能是未附条件的股份赠予。附条件股份赠予协议中所附条件对股份的转让方和受让方产生约束力。在所附条件成立时，受让方取得或者失去相应的股份。由于对所附条件是否成立可能存在异议，工商机关在登记变更时对该情况也难以认定，客观上请求法院判决后，工商机关依据法院的判决办理变更登记。

第四，干股的取得既可能是因为个人的技能或者经营才能，也可能是其他因素导致的。干股的效力如何，最终视赠予协议的效力和履行情况而定。

第五种，业绩股票。

业绩股票是指公司用普通股作为长期激励性报酬支付给经营者，股权转移与否由经营者是否达到了事先规定的业绩指标来决定。

公司在年初确定一个较为合理的业绩目标，如果激励对象到年末时达到预定的目标，公司将一定数量的股票或提取一定的奖励基金购买公司股票授予经理人。

业绩股票的流通变现通常有时间和数量的限制。激励对象在以后的若干年内经业绩考核通过后，可以获准兑现规定比例的业绩股票；如果未能通过业绩考核或出现有损公司的行为、非正常离任等情况，则其未兑现部分的业绩股票将被取消。

第六种，股票增值权。

股票增值权是公司授予计划参与人的一种权利，持有人可以不通过实际买卖股票，仅通过模拟股票认股权的方式，在授予持有人股票增值权时，以授予时净资产为虚拟的行权价格，在规定时段内，根据其持有的股票增值权份额所对应的净资产的增加额度，作为由公司支付的行权收入。

当公司授予的股票增值权的股份价格低于授予日净资产值的时候，激励对象失去激励资格，具体如图3-3所示。

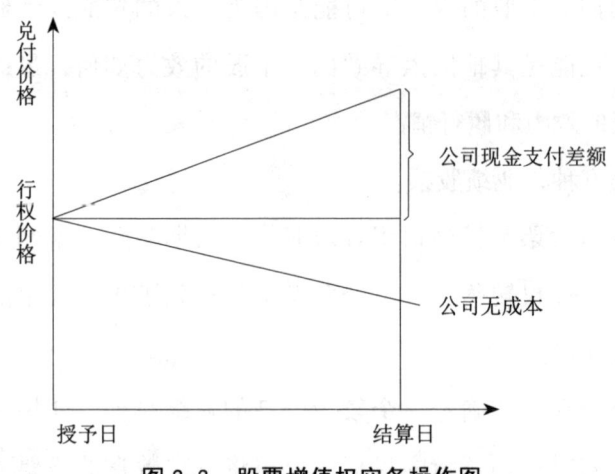

图3-3　股票增值权实务操作图

在我国，直接应用股票价值增值权的企业并不多，反而是它的衍生工具——账面增值权应用得非常广泛。

与股票增值权相比，账面增值权以每股净资产值增值部分来奖励经理人，而股票增值权是拿股票增值部分来奖励经理人。

账面价值增值权一般有以下两种形式：

第一，购买型。购买型是指激励对象在期初按每股净资产实际购买一定数量的公司股份，在期末再按每股净资产期末值回售给公司。

第二，虚拟型。虚拟型是指激励对象在期初不需支出资金，授予激励对象一定数量名义股份，在期末根据公司每股净资产的增量和名义股份的数量来计算激励对象的收益，并据此向激励对象支付现金。

股权激励的常用操作方法

股权激励可采用的方法是多样的，因针对人群不同、企业所处时期不同而有所不同。如何设计一套有效的股权激励方式持续激励核心高管，是企业经营者需要努力思考的问题。

第一种，渐进式股权激励法。

不同行业、不同规模的企业在激励核心高管之时，并没有一定的规则。掌握核心高管的需求是有效进行股权激励的关键，对核心高管的激励可以采取个性化的解决方案。

非上市公司对核心高管进行股权激励的方法一般采用135渐进式激励法（具体如图3-4所示）。所谓135渐进式激励法，是指1年在职虚拟股权激励，3年内滚动考核转注册股，3年之后，进入5年锁定期，逐步释放股权并解锁，一共8年。

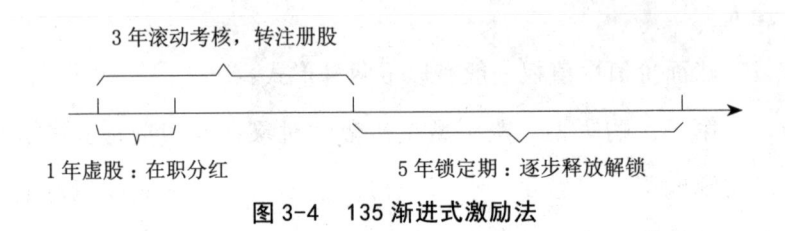

```
        3年滚动考核，转注册股
    ┌─────────────┐
  ──┴──────┬──────┴──────────────────→
   1年虚股：在职分红      5年锁定期：逐步释放解锁
```

图3-4　135渐进式激励法

进入锁定期，企业可以采取匀速释放解锁的方式。比如，今年发放股份的34%，明年发放股份的33%，后年发放股份的33%，3年释放完毕。也可以采取加速释放，比如今年释放20%，明年释放30%，后年释放50%；或者采取减速释放的方式，今年释放50%，明年释放30%，后年释放20%。企业可以根据自身情况灵活选用。

渐进式股权激励是一个由虚股转实股，进而进行延迟行权的激励方案。渐进式激励法有效实现了短期、中期、长期激励相结合，同时在捆绑激励对象、实现长远发展方面具有积极的作用。

第二种，五步连贯激励法。

针对业务部门，非上市公司股权激励提出的解决思路是组合式多层次五步连贯激励法（具体如图3-5所示），也可以是多种性质的股权激励组合。

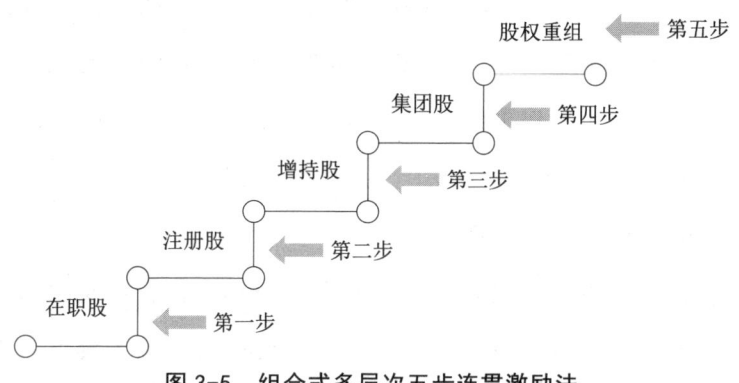

图 3-5　组合式多层次五步连贯激励法

五步连贯激励法是一个激励强度逐步加强的阶梯过程，也是伴随着员工与企业一起成长的过程。它主要是通过在职分红股转注册股，然后增持股份，随着职位升迁转入集团股，有外来资本进入的或拟上市计划的，可以进行股权重组。

第一步，在职股。在职股，即岗位干股，是一种虚拟股份，激励对象对所拥有的股份只有分红的权利，没有所有权。公司每年拿出一定金额作为在职分红。这种激励方式注重终端期激励，比较适合新来的高管。

第二步，注册股。注册股，是公司的实股，需要到工商部门注册。注册股的股东根据所占股份的比例，享有相应的所有权、管理权、收益权。

第三步，增持股。公司进行股份增发，公司的股东享有优先认购权，进一步增持公司的股份。

第四步，集团股。如果是集团公司，激励对象被调升到总部工作，公司可以考虑将激励对象在子公司的股份提升到总公司来，以激励核心高管提升全局意识，为企业长远考虑。

第五步，股权重组。公司进行融资、重组、并购等，需要对公司股份进行股权重组，以适应公司变革的需要。

第三种，组合激励法。

前文介绍了股权激励常用的六种工具，我们在使用相关工具进行股权激励时，往往不是单一使用某一种工具。由于六种工具各有其优势和不足，所以我们需要设计一套适合本企业的方案，发挥各种工具的优势和长处，规避缺点。

对于不少发展型企业来说，最常用的股权激励模式是"干股＋实股＋股份期权"这一组合。

激励对象完成相关目标，首先获得公司相应股份。持有这种股份的人只有分红权，没有所有权，因为它属于岗位干股。激励对象继续努力工作，通过相应考核后，可以将岗位干股逐步转化为公司的实股；公司也可以将激励对象的干股转化为股份期权，选择在规定日期，让激励对象以预约好的价格购买相应的股份，实现真正意义上持有公司的股份。

"干股＋实股＋股份期权"实现的是长、短期激励相结合的股权激励方式，对于激励优秀人才，实现推动企业快速发展具有重要的意义。

员工不同能级的薪酬政策

由于员工的能级不同，为企业创造的价值不同，因此薪酬政策也会不一样。

职工级、职员级员工的工资不用设计得太复杂。一般来说，固定工资加奖金是最主要的方式。如果是基层销售人员，则包括底薪、提成和奖金，操作方式比较简单。

主管级员工，由于参与了企业管理，薪资构成部分增加了团队管理提成的部分，薪资收入主要由岗位工资、业绩提成、管理提成、综合奖励四个部分组成。

管理级员工，基本上脱离了基层业务操作的范畴，因此薪资构成很少涉及业绩提成部分，而管理提成、人才培养奖励成为核心。不少企业进行股权激励，将核心管理人才纳入企业股权激励的对象，因此薪资构成主要由岗位工资、管理提成、综合奖励、股权激励收益组成。

不少企业对管理级员工采用干股（分红股）激励，员工可以在实现相关目标后获得相应的分红收益。当然，也有不少企业采用股票期权（非上市公司采用股份期权）激励。员工在实现既定目标之后，可以选择行权购买公司股票或股份，成为公司正式股东，享有所有权、收益权、管理权等各项权利。

经营级、战略级、整合级员工薪资收入的核心在股份的收

> "干股+实股+股份期权"实现的是长、短期激励相结合的股权激励方式，对于激励优秀人才，实现推动企业快速发展具有重要的意义。

益。虽然年薪制对核心高管发挥着重要的作用，但是企业的股份对他们来说更有价值和意义。所以，企业股权激励最先激励的对象就是这批人。股权激励带来的收益应该占据他们个人薪资收入的60%～80%。这样，优秀人才更愿意为企业效力，贡献自身价值。

当然，如果考虑到竞争对手，企业的薪资就要比同一水平的竞争对手略高，这样更有优势，但是也要考虑自身财务状况。企业如果财务紧张，则需要考虑分更多市场的钱给员工，减少分企业自身的钱；企业如果财务状况比较好，可以适量动用企业储备资金，提升薪资待遇，吸引优秀人才加盟企业。

没有哪家企业的薪酬政策是最好的，只有更适合企业的薪酬政策。因此，照搬照抄竞争对手的薪酬政策，往往并不能起到很好的效果。制定适合本企业的薪酬政策，企业必定在多种因素综合考虑的基础上进行，并在发展中不断修正完善。

植入优良文化,助力企业健康发展

优良的企业文化是企业发展不可或缺的源泉,为企业发展提供了源源不断的养料;优良的企业文化是永葆企业活力、实现企业可持续发展的不竭动力;优良的企业文化是推动企业持续向前、打造世界级大企业的关键。

企业文化是企业经营的核心主张

什么是企业文化?企业文化是企业在经营管理当中形成的经营管理思想,它深藏在企业组织当中,是企业经营的核

> 企业文化是企业在经营管理当中形成的经营管理思想,它深藏在企业组织当中,是企业经营的核心主张。

心主张。

企业文化在企业经营管理中形成、成长，健康的企业文化能为企业带来源源不断的发展动力，助推企业挑战更高峰，在企业的成长过程中发挥着不可替代的作用。这些作用主要体现在以下几个方面。

第一，激励团队，凝聚力量。

我们发现，根植在大脑当中的东西往往能最先跳出来，影响人的思维和行为。例如，我们每天给自己激励，每天对着镜子，高声大喊："我是最棒的！我是最优秀的！"刚开始的时候，可能没有多少感觉。一旦时间久了，比如每天这样做，持续了半年、一年，就会发现自己的自信心大涨，自我正面激励的作用越来越强。

人与人之间也是互相影响的，一个组织的行为习惯也会影响团队中的每个人。我们不断在团队中倡导狼性，不断用狼性的机制激励团队，团队那种狼性的行为表现也会不断影响团队中的每一个人，让每个人都具备狼性的基因。

第二，为企业平稳发展创造条件。

团队不稳定，企业往往会遭遇各种风险和挑战。这就需要依靠相关人员去解决各种问题。这时，如果员工不能自动自发地做好自己力所能及的事情，那么企业将会遭遇更大的困难，甚至可能在危机中倒下。优良的企业文化能形成一种自我激励的思维和行为，让员工敢于承担责任，敢于迎接挑战,为企业发展贡献力量。

第三,提升企业经营管理水平。

企业文化是对企业经营的一种价值主张,是对整个团队的一种思想洗礼,能够推动整个团队管理水平的提升。同时,企业的各种管理方式和制度,都会在长期的行为习惯中形成一种文化,深入每个人的心中。

第四,提升企业整体竞争力。

伟大的企业能由内到外地散发优秀企业文化的魅力,吸引更多优秀人才加盟,催生出强大的影响力和号召力。优秀的企业文化能提升企业的整体战斗力,让竞争对手望而生畏。

企业文化的三个层次

企业文化涉及三个层次(具体如图3-6所示):精神层文化、制度层文化、物质层文化。其中,精神层文化是基础,是核心,是企业文化的内容实质,而制度层文化和物质层文化是在精神层文化的基础上表现出来或形成的形式和结果。

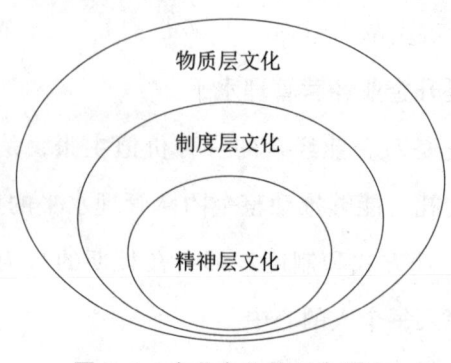

图 3-6　企业文化的三个层次

精神层文化

精神层文化也就是企业的理念层文化，是企业经营管理的指导思想，是企业价值观的集中表现。精神层文化包括企业愿景、使命、核心价值观、品牌理念、营销理念、服务理念等。

> 精神层文化包括企业愿景、使命、核心价值观、品牌理念、营销理念、服务理念等。

其中，企业使命就是企业经营的观念，是企业的最终业务目标，它描述了企业在社会中为其顾客生产产品和提供服务的基本功能。一个组织的使命是其存在的原因，企业使命是企业经营管理的全部意义所在。

企业经营管理的使命决定了员工的价值。如果企业的使命是多赚钱，出人头地，那么员工在企业工作就是为了拿更高的收入，获得更好的福利；如果企业的使命是打造国际品牌，振兴民族经济，那么员工在企业工作就不仅仅是为了自己，更重要的在于为了国家、为了社会、为了荣誉，这样传递出来的爱更加无私。

优秀的企业都有远大的使命。比如，阿里巴巴的使命是"让天下没有难做的生意"，沃尔玛的使命是"帮顾客节省每一分钱"，迪士尼的使命是"让人们过得快活"。它们不仅成就了企业、员工，还成就了客户。

企业愿景是企业对未来的一种憧憬和期望，是企业努力经营想要达到的长期目标，是企业发展的蓝图，是企业永恒追求的体现。企业愿景要解决一个问题，即"我们要成为什么"。它反映了管理者对企业与业务的期望，描绘了未来向何处去，旨在为企业未来定位，是引导企业前进的"灯塔"。例如，迪士尼公司的愿景是"成为全球的超级娱乐公司"，联想集团的愿景是"未来的联想应该是高科技的联想、服务的联想、国际化的联想"。

价值观是指一个人对周围客观事物的是非曲直、好坏善恶的评价标准。企业的价值观即是企业倡导什么、反对什么、赞赏什么、批判什么的基本原则。核心价值观在企业的文化体系中处于核心地位，是企业的灵魂。

例如，通用电气的核心价值观是"坚持诚信、注重业绩、渴望变革"，星巴克的核心价值观之一是"以伙伴、咖啡和顾客为核心，营造温暖，有归属感的文化"。

制度层文化

制度层文化是企业为规范管理形成的规章制度、行为准则的总称。制度更多带有约束性，是企业为杜绝员工不良行为而产生的行为文本。员工在相关规章制度的影响下，会逐步养成一种习惯，形成一种文化。

企业制度主要包括日常行为管理制度、晋升制度、惩罚奖励制度、加薪制度、绩效考核制度、员工调岗制度、培训制度等。

物质层文化

物质层文化是一种看得见摸得着的、直观的企业外显文化。企业生产的产品、企业的办公设备、员工服装、胸牌、宣传册等，都是企业的物质层文化。物质层文化是最外在的文化表现，能在一定程度上影响企业内在的文化。

狼性文化对企业发展意义重大

狼性文化是一种竞合智慧文化，它是中小企业实现业绩倍增的法宝。狼性文化包括梦想文化、军人文化、结果文化、自信文化、健康文化、感恩文化、激励文化等。

> 狼性文化是一种竞合智慧文化，它是中小企业实现业绩倍增的法宝。

梦想文化

梦想是激发人们努力奋斗的力量来源。企业要善于激发员工的梦想，用梦想激发整个团队。为此，每年年底，企业可以要求员工以团队为单位制作梦想板，把每个人的梦想都绘制在梦想板上，激励自己。领导者可以在年会上激励大家，告诉员工公司的梦想、自己的梦想，要求大家上台说出自己的梦想，激励大家为实现梦想努力奋斗。公司可以对每个人的梦想实现程度进行总结，看哪些人完成了当初的梦想，哪些没有，为什么没能实现，从中得到了怎样的经验教训等。

军人文化

军人文化要求企业必须纪律严明，执行力强，高标准、高要求，严于律己。因此，企业需要培养员工坚韧不拔的毅力、战胜挫折的勇气、行动迅速的超强执行力，以及集体作战的团队荣誉感。

我以前在带领团队的过程中，周末经常带员工去野外做拓展训练。我发现每次拓展训练后，员工士气高涨，团队凝聚力、向心力都得到了很大的提升，尤其是他们在战胜困难、挫折时更能从容淡定地面对。

结果文化

结果文化要求员工追求结果，以结果为导向，它是中小企业需要的一种文化形态。员工要有结果意识，需要在过程中不断创新以推动结果的实现。

当然，结果文化并不是不择手段，忽视过程。追求短期的结果并不是我们需要的真正结果。企业需要考虑长远结果，这就要求员工在追求结果的过程中，必须重视客户的价值塑造。

自信文化

自信心的培养是每个员工都需要的，销售人员更是需要这种素质。因为只有自信者，才能信他人；只有自定者，方可定天下。

如果要说服客户购买公司的产品，我们就需要将这种自信传递出去。这种自信包括对产品的信心、对公司的信心、对自己的信心。说服就是信心的传递，说服就是情绪的转移，说服就是能量的震撼。

企业要想培养员工的自信心，可以组织各种活动，为员工创造上台演讲的机会。领导可以多启迪、鼓励下属战胜一个个困难。

健康文化

俗话说，身体是革命的本钱。员工有一个健康的身体，才能有更多精力投入到工作当中。因此，企业可以多组织各种运动，带领大家强身健体。比如，可以准备一些健身器材，闲暇时间组织运动比赛等。

感恩文化

感恩文化首先要求老板、企业领导要有感恩的心，然后才能要求员工感恩。感恩文化并不是嘴上说说而已，而应该落实在行动中。例如，每年母亲节、父亲节，企业给员工的父母寄送礼品；企业为员工的父母开设一个银行账户，每月给他们发放工资；企业举行年会，邀请员工的父母前来参加；表彰那些优秀员工的父母，为他们提供外出旅游的差旅费用等，都是很好的表达形式。

激励文化

除了相关的激励制度，企业还可以设计 PK 文化、目标文化、榜样文化、荣誉文化等激励性的文化，提升团队整体战斗力。企业要求员工制定相关目标，并明确实现目标会有怎样的奖励，未能实现目标会有怎样的处罚。每位员工都可以在企业内部寻找一个 PK 的对象，和他竞争，并且彼此约定：如果超越对方，会得到怎样的奖励；如果失败，会有怎样的处罚等。

植入优良企业文化的三种方法

我们经常看到，不少企业制作了精美的企业文化画册，墙上贴满了员工的精彩剪影，但是员工没有认同感，没有归属感。最可笑的是，企业早上九点上班时，员工喝着豆浆，吃着油条，有说有笑。这时，老板进门，员工立马停止说话，假装工作；老板走后，员工又恢复之前的状态。

企业如何植入优良的企业文化，杜绝上述这种现象？

老板要首先规范自己的行为

一家企业的文化往往是老板的文化。老板之前的行为方式、工作习惯，往往会影响后来的人。例如，老板喜欢吹嘘拍马的人，那么吹嘘拍马的人往往最先被提拔，时间久了，就会形成吹嘘拍马的文化。如果老板喜欢实干型的人，那么在企业中就会形成这种实干的文化，实干型的人往往最先被提拔。

> 一家公司的文化往往是老板的文化。老板之前的行为方式、工作习惯，往往会影响后来的人。

因此，老板首先要规范自己的行为。举个例子，不少企业的老板本来没有必要和员工同时去上班，但还是坚持与员工同一个时间上班。结果，这些企业的员工很少迟到。因为他们看到老总都每天按时上班。

企业文化需要长期行为规范

企业文化的形成并不是一朝一夕的事情，不是通过某一件事、某一个行为就可以形成了，而是需要一个过程。它是长期行为规范养成的结果。

行为规范和行为习惯还是有一定区别的。举个简单的例子。众所周知，猴子爱吃香蕉。这是猴群长期以来的行为习惯。国外科学家曾经做过这样一个实验：在猴子的铁笼中放进一根带电的香蕉，只要猴子去拿香蕉，就会被电击。几次之后，猴子再也不敢去拿香蕉。即便后来有新来的猴子，也会在拿香蕉时被同伴教训。"不能拿香蕉"就成了铁笼中猴子们的行为规范。而在对这一行为规范的制定和履行过程中，铁笼猴群也形成了独特的"猴群文化"，即"不能拿香蕉"。

文化力量的传承对动物的影响由此可见一斑。其实，文化力量的传承对于人来说也一样。如果某种不良习惯长期保持，形成了一种行为规范，就会对企业文化产生不良影响。

企业文化扎根大脑，影响行为

一名员工在一家企业工作一段时间之后，再去另外一家企业，开始的时候往往会不适应。这并不是说他无法应对新的工作和挑战，而是他无法快速适应新的企业文化，因为之前的企业文化还在发挥作用。

企业文化会由外到内逐步扎根到人的大脑之中，又会由内到外深深影响人的行为习惯。尽管公司机制也能影响人的行为，但是和文化影响的区别是，能否深入到人的潜意识当中。

企业文化的影响力必须发自内心，靠员工自动自发的行为来呈现。这种力量才是最强大的。优秀的企业文化能够让员工自动自发，能够调动员工工作的积极性，使之为实现企业的长远目标而坚持不懈，努力奋斗。

优秀的企业文化必定会催生出伟大的企业，伟大的企业必定会释放更有魅力的文化。

> **重点提示**
>
> 经营企业的核心在于经营人，经营人的核心在于经营人的需求。老板需要设计相应的机制，包括物质激励机制和非物质激励机制，去满足员工的需求，激发员工的动力，进而推动员工在追求自我目标实现的过程中，顺带实现企业的既定目标。

其中，不同的环境要有不同的激励机制。比如，设计物质激励机制时，需要坚持这样一条原则：分给员工的钱，对内要具备公平性，对外要具备竞争性。

CHAPTER

第 4 章

管到位：建立赚钱、分钱、省钱体系，确保管控到位

- 赚钱：运用营销提升企业业绩
- 分钱：用薪酬、股权平衡企业中钱与权的矛盾
- 省钱：建立管控体系，提升企业运转效率

企业经营就是在解决三件事情：赚钱、分钱和省钱。老板要用营销解决企业赚钱的问题，用薪酬、股权激励解决企业分钱的问题，用团队管控解决企业省钱的问题。老板经营事，必须借助人，所以老板要做的事，就是调动人去完成这三件事。

赚钱：运用营销提升企业业绩

营销到底在解决什么问题？营销解决的是产品或服务卖好或好卖的问题。营销是实现企业快速回笼资金、提升企业业绩、实现企业持续快速发展的保证。

> 营销解决的是产品或服务卖好或好卖的问题。营销是实现企业快速回笼资金、提升企业业绩、实现企业持续快速发展的保证。

营销的关键在于抢占客户的心智。如何抢占客户的心智？当客户的关注点在产品本身的时候，营销的关键在于解决产品功能性的问题；当客户的关注点在感觉需求的时候，营销解决的是产品差异化的问题。

有人说，没有不好卖的产品，只有卖不好产品的人。营销还必须解决销售人员卖产品思维层面的问题。

做好营销必须踩准市场节奏

人有生老病死，一年有春夏秋冬。不同企业在市场发展的进程中会经历不同的发展阶段。拿传统行业来说，整个市场的竞争已经趋于饱和，企业需要进行差异化定位，才能找到自身生存和发展的空间。又如新兴行业，市场一片"蓝海"，企业需要"跑马圈地"，迅速抢占市场的制高点，建立行业壁垒。

企业如果能看准市场发展的先机，把握有利机会，自然能顺势而上；错过有利时机，将很难有翻身之日。

一般来说，一个行业的发展，往往会经历六个阶段，分别是：萌芽期、发展期、饱和期、淘汰期、垄断期、转型期（具体如图4-1所示）。而且，在不同时期，行业发展会呈现出不同的特点。

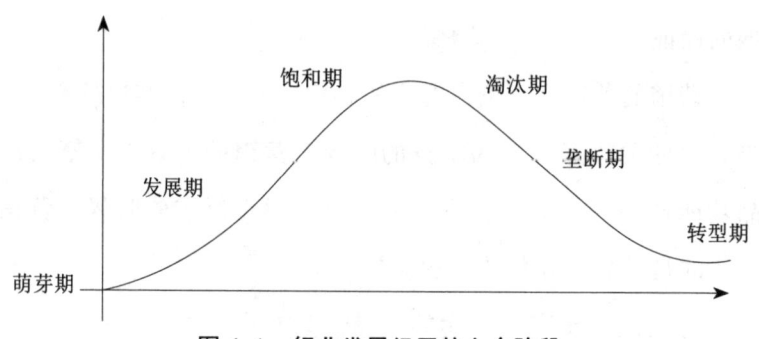

图4-1 行业发展经历的六个阶段

第 4 章
管到位：建立赚钱、分钱、省钱体系，确保管控到位

从图 4-1 中可以看出，经过萌芽期、发展期，进入饱和期之后，市场竞争变得异常激烈，不少企业在这个时候"死去"，行业进入洗牌的状态。因此，中小企业如果不能在此时脱颖而出，其发展将会遇到很大的困难。

萌芽期

萌芽期就是有零星的需求出现，但是这些需求不能成为企业主营项目的阶段。当核心市场出现一些新的细分行业，市场需求慢慢显现，行业出现萌芽成长的机会。

之前没有这个行业，但是有人开始有这方面的需求了，开始在找这种服务与产品了。这个时候，商家最好不要急于求成，脑袋一热就往里冲。由于市场需求只是少数人的，大规模的需求还没有被引爆，市场还需要进行培育。盲目进军培育不完全的市场，其结果就是随时都可能需要"烧钱"，企业会背上沉重的成本包袱。

当市场处于萌芽期时，企业需要有前瞻性的眼光，提前做好布局。这样才能在市场需求逐步上升的时候，迅速抢占市场，获取制高点。企业步子迈得太大，往往花费了大量钱财，却没有获得相应的效果，即销量没有明显的提升，自己反而有被"拖死"的可能。企业不敢迈步，错过发展时机，更会被直接淘汰。所以，这时

> 当市场处于萌芽期时，企业需要有前瞻性的眼光，提前做好布局。

老板需要做的就是保持领先的地位，但不宜过分超前，领先半步就好。

当然，不同区域的经济发展水平也并不一样。一般来说，在经济发展水平不高的地区，某些行业处于萌芽期，未来市场存在很大的发展机会；而在经济发展水平很高的地区，可能这些行业已经进入发展期或饱和期了。

市场处于萌芽期的时候，企业过于大胆，利用手中的资源将摊子铺得很大，结果会很危险。不少企业就倒在萌芽期的过度扩张上。所以，对于老板来说，踩对市场节奏很重要。

发展期

进入发展期，由于新兴的细分行业已经成长了一段时间，一批敢于"吃螃蟹"的人已经为市场制造了一定量的产品，提供了一定量的服务，于是开始有更多的需求出现。只是此时，第一批进入新兴市场的商家会遇到一些困难。这是因为客户的需求又有了一定的变化。

经过一段时间的调研，我们发现：每隔一两年，人们的消费意识就会有所改变，而且随着移动互联网的发展，人们的消费意识改变的速度在逐渐加快。

市场进入发展期，客户的需求增长很快，但是能够提供相关产品或服务的商家数量却不多。也就是说，这个时候，产品或服务处于供不应求的状态。而这对于企业来说，无疑是进军相关市场的最佳时机。

发展期就是"只要生产就可以赚钱"的代名词。企业只要大胆就能赚到钱，只是也存在着一定的风险。老板可能因为胆子大而成功，也可能因为胆子大而失败。因此，保持一定的胆量，又要考虑周全，不被利益冲昏头脑，对老板来说是非常重要的。

> 市场进入发展期，顾客的需求增长很快，但是能够提供相关产品或服务的商家数量却不多。而这对于企业来说，无疑是进军相关市场的最佳时机。

现代市场变迁非常快：很多行业刚开始还处在发展期，市场一片大好，但是没过多久就会涌现大量企业，让行业迅速进入饱和状态。因此，企业要抓住发展期客户需求大的机会，采用"闪电战"迅速占领市场，然后进入"圈守战"，建立起行业壁垒。

并不是说市场进入发展期，就不会有企业被淘汰出局。恰恰相反，不少企业一味"跑马圈地"，不注重产品或服务质量的提升，往往会很快"死去"。

饱和期

行业处于发展期的时候，不少企业挣到了钱。其他企业看到机会就会蜂拥而上，迅速将优良的市场变成一片"红海"，从而令市场进入饱和期。

处于饱和期的市场具有几项明显的特征：第一，供需在数量上几乎持平；第二，客户对于企业的产品和服务方面的质量要求逐步提升；第三，由于客户对商家并不了解，行业内也尚未形成非常具有影响力的企业或产品，因此品牌效应还未出现；第四，客户在消费中逐渐成长、成熟，产品或服务质量不佳会导致客户直接弃用该产品或服务。

既然如此，那么此时企业应该采用怎样的市场策略呢？首先，企业要做好策划包装，做好品牌营销。除了提升产品质量和服务质量之外，还需要抢占市场，形成规模效应。其次，企业要做好品牌宣传，抢占客户心智模式，形成鲜明的市场定位。再次，企业需要想方设法成为行业内或细分市场内的第一名，让客户知道企业是这个行业的领头羊。最后，企业需要逐步建立起行业壁垒，形成市场阻隔。

淘汰期

淘汰期，市场内企业的数量达到顶峰，不断有企业进入，又不断有企业"死去"。此时，客户的需求基本上被激活，新增加的客户需求有限，行业处于供大于求的状态。

处于淘汰期的市场具有如下特征：第一，商家的产品或服务供应远远超过客户的需求；第二，行业竞争异常激烈，抢客户的现象非常严重；第三，客户变得越来越精明，开始推崇固定的品牌产品。

对此，企业可以采取以下竞争策略：第一，提升企业的综合管理效率，包括营销能力、服务能力、团队管理能力等；第二，提升产品的知名度和美誉度，打造强势品牌；第三，整合行业资源，兼并、整合一批企业，实现资源互补。

垄断期

市场进入垄断期，行业会出现几家领军企业，他们成为行业的影响者和游戏规则的制定者。此时，小微企业的生存空间越来越小，企业如果不能找准自身的定位，尤其是在细分行业找到自身的定位或实现差异化竞争，将会遭遇极大的挑战。

处于垄断期的市场具有如下特征：第一，垄断期成为行业的分水岭，行业开始洗牌，出现了几个超级寡头；第二，企业管理效率实现大幅提升；第三，市场越来越成熟，客户需求趋于稳定；第四，资源越来越集中在少数几个大型企业手中；第五，跟不上市场发展形势的小微企业逐渐被淘汰或者自行萎缩；第六，做到一定程度的企业已经运用自身实力开始兼并重组；第七，进入垄断期，真正赚钱的企业几乎只有前三名，第四、第五、第六名基本上维持收支平衡，再后面的企业几乎都处于亏损状态。

对此，企业可以采取以下竞争策略：第一，企业需要集中资源，提升企业管理效率，降低企业成本；第二，企业可以采取局部创新的手法摆脱"生死存亡期"，努力让自己渡过难关；第三，有实力的企业可以考虑兼并重组，提升自身实力和品牌效应，而有特色的小微企业可以通过各种不同的方式成为龙头企业的子公司或者被投资方。

转型期

当新的技术频繁出现，原来的行业格局就会被打乱，市场会重新洗牌。于是，转型期就出现了。比如手机行业，之前，手机市场发育得比较成熟，仅诺基亚手机一家就占据整个手机市场30%以上的份额。但是，在苹果公司成功推出iPhone手机之后，新型智能手机突破了之前的行业格局，整个手机行业进入转型期。市场重新洗牌之后，诺基亚手机逐步丧失了手机行业领头羊的地位，最终被微软收购。

市场进入转型期之后，开始呈现以下新特征：第一，市场发育成熟，但新技术、新服务、新产品、新商业模式不断涌现；第二，小微企业开始走向市场竞争的前台，它们可以通过技术、产品、商业模式等方面的升级，来挑战大型企业，实现"四两拨千斤"；第三，由于市场不断变化，客户消费习惯不断变化，出现了"大企业不恒强，小企业可能迅速做大"的情况。

对此，企业可以采取以下市场策略：第一，对于大企业来说，一旦发现有适合企业的新技术出现，就要努力收购培养，形成自己的优势；第二，对于小企业来说，需要不断创新，实现技术创新、产品创新或模式创新等；第三，所有企业都需要不断进行自我颠覆，敢于挑战自身利益。

当代营销要关注客户的感觉需求

行业市场不是一下子就能形成的，而是需要一定的时间。这个时间可能是一年，也可能是三五年，甚至是十年。不过，随着互联网行业的不断发展，市场形成变化的速度越来越快。以前需要十年甚至几十年才能走完整个发展周期，现在可能只需要一两年，市场就从萌芽期迅速进入饱和期或垄断期了。

当然，每个行业都有自身的特点。一般来说，靠纯手工的行业变迁速度慢。比如，美容行业企业众多，竞争激烈，但很难出现垄断性的连锁店。咨询培训行业发展的速度也只能算是中等。移动客户端行业就发展得比较迅速。

市场永远都处在不断变化中。因为需求越多，市场成长得就越快。市场因需要而成长，因竞争而成熟，因成熟而思变。没有不变的市场，只有不变的应对智慧。

20世纪六七十年代，中国处于计划经济时代，还没有营销的概念，实行的是供给制。那时候，商家要把东西卖好，完全需要按照政府部门的政策指导。政策允许卖什么，商家才可以卖什么，市场基本不会在商品交易中发挥作用。

改革开放之后，尤其是20世纪八九十年代，市场上的商品慢慢变多，但与大家的需求相比，还处于供小于求的状态，因此市场仍然是卖方市场。商品只要生产出来，就会有人买。商家只需要盯着产品，只要敢于投资，做任何项目基本上都能稳赚不赔。老板赚到钱之后，又会将它投资到其他项目上。因此，这个时代也是"跑马圈地"的时代。

20世纪90年代后期，产品越来越丰富，整个市场呈现出供大于求的态势，并逐渐转变为买方市场。商家必须盯着客户的需求看才能赚到钱。面对市场的变化，老板也必须转变自己的思维，从"做加法"转变为"做减法"。究其原因，就是由于客户的选择更多了。

现在的产品能卖得好，并不是因为产品功能全，也不是因为产品质量好，而是因为产品有特色、有差异、另类，剑走偏锋，不走中间。

> 现在的产品能卖得好，并不是因为产品功能全，也不是因为产品质量好，而是因为产品有特色、有差异、另类，剑走偏锋，不走中间。

为什么一块手表能卖到几十万元、上百万元？不只是因为产品质量好，更是因为它能给人带来时尚感、身份感、地位感等各种感觉。

营销要会推，更要会吸

引入市场机制之后，除了极少数商品之外，大部分商品都需要商家自己想办法卖出去。于是，推销开始出现了。客户们最初就是通过一个个推销人员来认识商品的。不过，随着市场发展越来越成熟，客户买东西也越来越有经验。原来的推销已经不起作用，更多的企业采用的是营销的手法，想办法吸引客户来买。

比如，同样是买洗漱用具，更多的人愿意选择去超市，而不愿意去地摊。因为超市不仅货物品种多，而且质量有保障。再比如，同样是买矿泉水，买的人很多，买的品牌也各不相同。有人觉得矿泉水的包装漂亮，有人觉得瓶体上的广告有特色，有人干脆就是因为价格便宜才选它。

所以，现在卖任何产品，不仅要会推，更要会吸，能够把客户吸引过来。

到底什么是营销，什么是推销呢？简单地说，**推销就是卖好，营销就是好卖**。文字颠倒，意思不一样。

产品吸、功能吸、广告吸、特色吸，同样，销售人员去拜访客户，也需要学会吸。比如，客户只有一个，想要他买产品的销售人员却有七八个，到底客户会买谁家的产品呢？答案是哪家的销售人员更有吸引力，哪家的产品就更能得到客户的青睐。

销售人员卖产品，千万不要成为产品的解说员或推销员，一定要成为所卖产品的代表，成为所卖产品的专家，成为别人购买或投资的顾问。如果能做到这三条，销售人员一定是一个高手。

就像我们想买空调时，就会想到格力；想买微波炉时，就会想到格兰仕；想买冰箱时，就会想到海尔。只要客户心里有谁，谁就会生意不断。今天的市场已经不在市场上，而在客户的心中。

由于买方市场的出现，产品的功能和质量都有了坚实的保障，于是人们在购买商品的时候更加关注自己的精神需求。这就决定了无论任何行业，只要进入到高度竞争的阶段，商家卖产品卖的就不仅仅是质量和功能，还有感觉和精神需求。而且，越是经济高度发达的地区，客户对于产品感觉和精神上的追求就越强烈。

比如，有位年轻漂亮的女性来到4S店想要买一辆红色跑车。不巧，红色跑车缺货了。这时，我们可以说："红色跑车刚刚卖完，如果您想要，三天之后就有一批新货，您看如何？"本来这样讲也无可厚非。但是下面的说法可能更好一些："美女，不巧了，红色跑车刚刚被其他顾客提走了。不过，店里还有一款黄色限量版跑车。凭您的气质，要是开出去，一定是相当拉风！"此时，客户买的并不是红色，也不是跑车，而是一种"拉风"的感觉；"拉风"也不是目的，而是为了一个字——"炫";"炫"也不是目的,而是满足虚荣心,这才是客户真正想要的。

再如,一次有个朋友问我买什么车好。我建议他买路虎,理由是他的身材魁梧,路虎更能衬托他的气质和身份。他说好,把路虎的各种款式都看遍了,也选好了,但最后开回家的却是一辆奔驰。我非常奇怪。他告诉我,想来想去,还是觉得买奔驰好。因为路虎开回家,老家没有人认识。

营销的领域没有真相,只有认知。一切皆有可能。把一个产品按照成本价卖出去,这是在卖产品;以成本价的两倍、三倍、五倍价格卖出去,这是在卖品牌;以成本价的几十倍价格卖出去,这是在卖奢侈品;以成本价的几千倍、几万倍价格卖出去,这是在卖古董,卖文化。

做好企业定位,运用差异化策略赢得客户

定位市场要掌握客户需求

什么是定位?我们举例来说。大家都有过坐公交车的经历。通常早高峰的时候,车上会很挤,到处挤满了人。这时候上车,站在什么地方与接下来能否找到好位置有很大的关系。每路过一个站点,基本上都会有人下车,如果我们正好站在下车的人旁边,就会有一个可以坐的位置。如果离得比

较远，就只好继续站着。

如果我们想要找到一个坐的位置，最需要的就是分析什么人会下车，自己应该站在什么位置。这就需要我们总结思考。比如有人一直在座位上打盹，他突然睁开眼睛问到哪儿了，说明他可能快到站了；有人在听到报站之后，开始收起手机，准备起身，这都是机会。我们需要踩准这样的机会，慢慢移动到快要下车的人旁边，卡住这个位置。这就是定位。

做好这样的定位，目的是什么？第一，抢占先机；第二，阻隔对手；第三，强化自身实力；第四，形成特色；第五，便于传播。

那么，定位的本质到底是什么？就是抢占客户心智资源。就像前面已经讲到的，谈到空调，我们首先想到格力；谈到微波炉，我们首先想到格兰仕；谈到冰箱，我们首先想到海尔。很显然，格力、格兰仕、海尔等产品已经抢占了客户的心智，在客户的脑海中留下了深刻的印象。

所以，产品定位，要定出特色，在客户心中定出印象。我们都知道，中医药店里面，会有一个个小抽屉，每个小抽屉都标出了什么药材。人的大脑也像是这样的小抽屉一样，当打开人脑中空调这个小抽屉，里面有格力、美的、海尔等。这些能够给人留下深刻印象的品牌，往往都会成为市场上销量最好的产品。

企业做产品，做品牌，需要定位准，持续宣传，不可轻易改变。这就像复写纸一样,持续在一个地方写,在反面会印得很深。人脑也是这样,脑白金的广告持续播放,尽管令人厌烦,却牢牢占据了客户的心智。

所以,定位在哪里,企业的地位就在哪里。

差异化竞争抢占客户心智

差异化竞争是确保企业能在激烈的市场竞争中脱颖而出,实现以小搏大的重要保证。在激烈的市场竞争中,跟风、同质化现象越来越严重,很多企业为了求生存,不约而同地打起了价格战。殊不知,价格战是营销策略中的下策,它只会让企业更加被动。那么,企业该如何摆脱这种困境呢?差异化竞争是最好的良药。

> 产品定位,要定出特色,在客户心中定出印象。差异化竞争是确保企业能在激烈的市场竞争中脱颖而出,实现以小搏大的重要保证。

第一种,产品差异化。

产品同质化现象让客户记住企业的产品越来越难。尤其是作为后来者,客户已经拥有了其他品牌产品的印象,要想让客户再记住,那就很难。

比如,饮料行业已经有了可口可乐和百事可乐,那么我们再做一种碳酸饮料产品与它们竞争,就没有多少竞争筹码;如果我们不做碳酸饮料,改为生产凉茶,早有王老吉珠玉在前。

一眼望去，各种功能性的饮料都做得很好，竞争也异常惨烈。这时候，卖感觉的系列饮料出现了，脉动饮料、尖叫饮料等一一登场，并迅速占领了年轻客户的心。它们到底是什么材料做的，到底是何方神圣，这都不重要，重要的是它们踩准了客户的心理，以另类、新奇的感觉抢占了年轻客户的心智。

具体来说，产品的差异化包括品类的差异化、功能的差异化、感觉的差异化等。不管做怎样的定位，都是在抢占客户的心智，加深客户的印象，进而形成购买力。

第二种，区域竞争差异化。

同样一款产品，在A区域能卖得很好，在B区域却卖不动，这是什么原因呢？这是因为不同的区域有不同的文化、不同的消费习惯、不同的环境特点、不同的市场状态等。比如，四川人喜欢吃辣，广东人爱吃清淡的食物。如果老板不能找准区域市场的经营关键点，那么开展营销活动就会遇到很大的困难。

我有一位朋友是做美容生意的。她在全国范围内开了很多店，尽管每个店的店名、VI（视觉识别系统）、装修都一样，但是不同区域都有不同的特点。比如，在广东的店主打祛痘、去油、美白，在四川、重庆的店主打去湿气、排毒，在北方的店主打补水、润肤。每个区域的店都能找准当地市场的需求，卖出特色，同时又不失整体的品牌形象。

第三种，分销渠道差异化。

对于厂家来说，每个地方的分销渠道可能都是不一样的：有的地方可能需要依靠本地的经销商去做，发展下级分销商，下沉市场；有的地方需要自己亲自去做，即采用直营的方式，让直营店到处开花；而有的地方需要发展加盟商，实现联合经营。

一般来说，当地市场复杂，离总部所在区域比较远，企业必须发展经销商来开拓当地市场。而如果所在市场离总部区域比较近，客户群比较优质，是重点进攻区域，那么企业可以在当地开设直营店，抢占终端资源。如果所在区域一般，并不是需要重点培养的市场，但是在本地发展经销商却有不少困难，企业可以尝试发展加盟商，一起合作经营。

当然，企业到底采用哪种分销方式，是多级分销还是一级分销，是全国分销还是区域分销，是发展经销商还是做直营终端或者直销，需要企业结合自身实力、产品特点、市场定位、客户需求、行业特点、竞争对手等多种因素综合考虑。

第四种，客户群差异化。

市场定位一定要找准自身的客户群定位，是定位年轻消费者，还是定位老年消费者；是定位男性消费者，还是定位女性消费者；是定位中产阶层，还是定位普通消费者。

客户群的定位需要考虑市场竞争状况、自身产品情况、企业拥有的资源等。我们发现，不少企业客户群定位模糊，产品覆盖所有人群，结果所有人都不买账。当企业把客户群进行细分，实行精准定位的时候，产品销售量大幅提升。例如，卖音乐手机就别想着把产品也卖给老年人，卖LV包就别想着那些普通消费者。尽管客户在变，市场在变，但是产品的客户定位群体却不可轻易改变。

当然，我们也可以将产品的使用者和购买者进行分离，从而实现客户群定位的差异化创新。例如，脑白金的使用者是年轻群体的父母或其他长辈，但是购买者却定位为年轻人群，这是由我国的传统文化习惯决定的。再如，步步高点读机，使用者虽然多为儿童、青少年，但是购买者却是家长。

第五种，品牌差异化。

品牌差异化是指品牌在消费者心目中占据一个特殊的位置，以区别于竞争对手品牌的卖点和市场地位。品牌差异化的实现要比以上四种差异化难很多，因为实现品牌差异化需要改变消费者的认知和判断，使其对产品产生深刻的印象。

> 品牌差异化是指品牌在消费者心目中占据一个特殊的位置，以区别于竞争对手品牌的卖点和市场地位。

品牌差异化要求产品一定要与竞争对手区别开来，否则品牌将会失去原有的意义。我们看到不少企业，喜欢跟随、模仿竞争对手。这本来并没有错，但是如果在做品牌的过程中也去模仿别人，那将走入死胡同，因为竞争对手已经抢先抢占了客户的心智，作为后来者将很难有突破。我们不如换一种方式。同样一瓶水，你在卖纯净，我可以卖健康；你在卖健康，我可以卖有趣好玩；当你在卖好玩，我可以卖"爱"。总之，我们总会找到品牌差异化的一个关键点，抢占客户心智。

成功的品牌不可以轻易改变，因为改变品牌的宣传策略，前面的宣传将会前功尽弃。我们看到，不少厂家制作的广告在电视台或者网络播放一段时候后，老板突然有了新的灵感，将广告片重新进行修改，再次播出，效果却很差。这是因为，本来客户开始对企业的品牌有一定印象了，广告突然一变，客户的印象又回到了原点，以前的工作都白费了。

顺利实现产品销售的三种营销方式

到底营销有没有方法可循？我们发现，国内不少企业的营销方式比较落后，总认为营销就是不怕挫折、不厌其烦、不达目的誓不罢休，每个销售人员每天必须打多少通电话，必须拜访多少个客户，但是成交率却非常低。这是因为，他们从不总结方式方法。

营销方式也是有迹可循的。最好的营销必须能创造一种"场"，让客户在自我说服的过程中顺利实现产品销售。

顾问式营销

顾问式营销是一种很好的营销方式，是销售人员站在客户的角度，为客户提供解决方案的"一揽子"措施和方法，其间顺带实现产品销售的过程。

> 顾问式营销是一种很好的营销方式，是销售人员站在客户的角度，为客户提供解决方案的"一揽子"措施和方法，其间顺带实现产品销售的过程。

我们发现，不少销售人员总是喜欢和客户辩论，好像自己辩论赢了，销售就成功了。事实却恰恰相反。营销人员赢了道理，却输了生意，产品反而卖不出去了。**客户之所以会购买我们的产品，并不是因为被我们说服了，而是被他们自己说服了。**我们始终无法说服客户，但是可以引导或影响客户，顾问式销售就是这样一个引导和影响的过程。

当客户向我们询问某种产品有什么作用时，我们一定要了解客户最真实的需求，然后提供相应的解决方案，告诉对方如何处理，顺带告诉对方自己的产品刚好能帮助其解决这些问题，并且是如何解决问题的。这样，客户会比较信服我们。

我们发现，不少销售人员一上来就向客户推销自己的产品，告诉客户自己的产品有什么优势，会给客户带来哪些好处，滔滔不绝。到最后，客户也没有感觉到这个产品适合自己，最后不了了之。

顾问式营销的目的在于挖掘客户的需求，提供相应的解决方案，进而实现产品销售。

顾问式营销要求营销人员成为行业的专家，成为替客户提供解决方案的咨询顾问。

催眠式营销

催眠式营销，就是销售高手游刃有余地运用客户自身的欲望和潜能，影响客户，让客户相信销售人员以及其所提供的产品或服务，并采取购买行动的过程。

> 催眠式营销，就是销售高手游刃有余地运用客户自身的欲望和潜能，影响客户，让客户相信销售人员以及其所提供的产品或服务，并采取购买行动的过程。

这里，催眠式营销并不是让客户睡觉，而是通过创造一种"场"，让客户更容易接受我们的影响，销售人员通过巧妙设计的语言，让自己的说辞更有吸引力和推动力。催眠式销售让客户一直注意到营销人员，接受营销人员的引导，相信营销人员的言论，最终实现购买。

会议营销就是一种很好的催眠式营销。会场能够很好地聚集人气，创造相应的"场"，通过演讲者的精彩分享，表达观点，阐述利害，通过引导或影响客户，进而植入相应的观念到客户脑中。我们发现，厂家在招募经销商的过程中，使用这种方式就能收到很好的效果。培训行业使用催眠式营销的情况也比较多。

催眠式营销关键在于挖掘客户的冲突或痛点，引起客户的高度关注，让客户明白痛点会扩大，未来会带来怎样的不良影响，然后再提供相应的解决方案，引导产品销售。

诱饵式营销

诱饵式营销在于抛出一定的利益或好处，让客户尝到甜头再购买。这需要符合两个方面的条件：一方面，商家的产品一定要好，对客户有很强的吸引力；另一方面，要设计一套好的营销方式，在抛出去"诱饵"之后，又能很好收回，并且这个"诱饵"必须有吸引力，否则就前功尽弃了。

> 诱饵式营销在于抛出一定利益或好处，让客户尝到甜头再购买。

我曾经见过这样一个玩具店，他们就是采用诱饵式营销的方式。大人带着小朋友过来看产品，小朋友看上一件很好玩的玩具之后，销售人员马上上去推荐引导。当孩子的母亲发现这个玩具太贵，不太愿意购买时，销售人员会告诉孩子的母亲，可以先带玩具回家试玩两天，如果觉得合适想买了，再付钱，如果觉得不合适，可以退回店里。这样，孩子的父母一般都会接受。

玩具带回家一两天之后，孩子已经玩上瘾了，父母即使真的想退掉，也无法拒绝孩子的请求。况且，人们不花钱占了便宜，一般情况下心中会有一种愧疚感。如果就这样把玩具又退回去了，心里会觉得不好意思。所以，大部分客户都会花钱购买。

我们发现不少行业都采用这种诱饵式营销的方式。比如培训学校，会邀请潜在客户先去现场免费试听一天的课程，客户觉得合适了再报课。

分钱：用薪酬、股权平衡企业中钱与权的矛盾

老板不可能永远抱着企业的权力不放，也不可能将企业的利润尽收自己囊中。老板要学会放权，更要学会放钱，因为有舍才能有得。舍得放钱，员工才会有动力，企业才能快速发展。舍得放权，优秀人才才能施展才能，企业才能做大做强。

七种不同治理模式企业的钱权分布

在企业的治理结构中，存在着所有权、管理权、收益权三种主要的权力关系。这三种权力相对独立，又相互关联。三者之间的关系如图4-2所示。

其中，所有权是指企业的产权，是所有人对企业享有的占有、使用、收益和处分的权力；收益权是指由产权决定的利益归属，股权的收益主要包括增值收益、分红收益和出售股份的收益；管理权是指所有权人授予的、为获取收益而对所有权人的财产享有占有、使用、运营管理的权力。

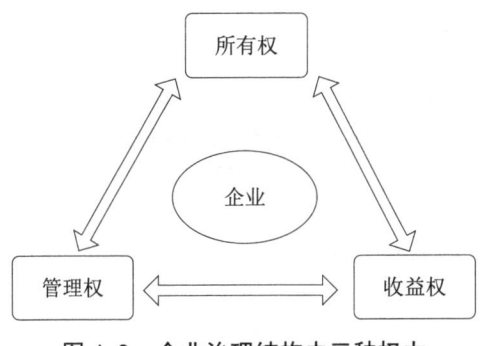

图 4-2　企业治理结构中三种权力

在企业成长的过程中，上述三种权力是依次下放的。一般来说，它们下放的顺序依次为：先放管理权，再放收益权，最后放所有权。

如果企业的项目很不错，具备相应的竞争优势，业务推进比较简单，可以先放管理权；如果企业并不具备相应的优势，可以先放收益权。为什么呢？我们以培训行业为例。近年来，培训行业的竞争非常激烈，那些发展比较好的企业并不仅仅是依靠产品成功，更在很大程度上依靠成功的商业模式。为了推动企业的发展，老板都会把高额利润让给代理商、内部员工,把收益权让出去,激励员工、代理商,让他们更加愿意去做好产品。如果企业产品质量很好,市场需求很高,东西很好卖,谁干都能干得很好,那么可以释放管理权,这样可以壮大企业,确保企业更快发展。

我们曾就国内企业三种权力的开放程度进行过深入探讨,结果发现国内企业普遍存在以下七种治理模式,具体如表4-1所示。

表4-1 七种企业治理模式

	1	2	3	4	5	6	7
所有权	私有家族	私有家族	私有家族	私有家族	半社会半公众	社会公众	社会公众
管理权	私有家族	私有家族	社会公众	社会公众	社会公众	社会公众	社会公众
收益权	私有家族	社会公众	私有家族	社会公众	社会公众	社会公众	社会公众
定义	封闭型企业	福利型企业	职业型企业	君宪型企业	半君宪型企业	宪政型(社会型)企业	国有型(公产型)企业

封闭型企业

国内不少中小企业都是封闭型企业,他们的所有权、管理权、收益权都集中在企业老板一个人的身上,其他员工都是具体的执行者。

封闭型企业运行高效，管理简单，竞争意识强，拥有某些狼性特质。但是，由于权力集中在老板一个人的身上，员工既不能充分施展自己的才能，更不能分享企业成长带来的相关收益。如果老板心胸开阔，企业运行起来还不会出现大的问题；如果老板格局较小，容易妒忌能力出众的员工，往往就会造成企业人员流动频繁，整个企业动荡不安。

> 封闭型企业，他们的所有权、管理权、收益权都集中在企业老板一个人的身上，其他员工都是具体的执行者。

不过，即便老板拥有较大的格局，随着企业的发展、人员的增加、组织结构的扩容，一系列问题也会出现，比如管理者没有企业股份、动力不足，老板不敢授权又不得不授权，一授权就会出现严重问题等。

福利型企业

福利型企业将收益权开放，将所有权和管理权封闭。这种组织形式优缺点明显。福利型企业激励效果明显，在提升员工积极性方面有明显的进步，但是也会存在员工信任度不够，或者因企业所有者缺乏诚信而导致员工收益流产，进而影响员工积极性的问题。

职业型企业

> 职业型企业的重要特征是所有权、收益权私有，但管理权处于开放状态。

职业型企业的重要特征是所有权、收益权私有，但管理权处于开放状态。与封闭型企业相比，职业型企业总体上有了很大的进步，规范性也更强，规模有所壮大，责权对等了。但是，职业型企业会产生贪污腐败、松懈浪费的现象。此外，职业型企业对管控要素要求非常高。

总的来说，没给利益、先给权力的治理结构很难获得成功。采取职业型企业结构的公司最好是大型公司、大品牌公司和拥有优质项目的公司，而且要走高工资、严管理的管理思路。如果是家族企业要采取这种结构形式走职业化道路，更要特别注意。

君宪型企业

君宪型企业将管理权和收益权都开放，唯独将所有权牢牢控制在自己的手中。这种结构能够很好地激励核心管理人员，既能满足管理人员的收益需求，又能让他们充分施展才能，实现自我价值，同时企业又不会失去控制权。

随着企业的发展，要引入更优秀的高级管理人员或实现上市计划，企业也需要逐步开放所有权，实现公众治理。但是，需要注意的是，企业创始人一定要掌握好控制权，避免股权被过度稀释带来控制权丧失，进而被其他股东联合赶下台的悲剧。

半君宪型企业

半君宪型企业将管理权和收益权都开放，所有权也实现了半开放。这样，核心骨干层就成为公司完全意义上的股东，对公司的经营会更加上心。当然，也会存在部分股东为了私利而伤害其他股东的行为。

宪政型（社会型）企业

宪政型企业让所有权、管理权、收益权都公众化了，变成了完完全全的公众治理状态。这种情况可能会导致大家都很关心企业的发展，但是都不操心企业的发展，容易为了一己私利而损害其他股东的利益。

国有型（公产型）企业

国有企业存在缺少活力、动力不足的现象。

以上七种治理模式，没有最好和最差之分。至于企业选用哪种模式，关键在于要适合，管用、好用才是最好的。一般来说，小企业要选老板权力集中的模式，大企业要选老板适度放权的模式。如果企业人员能力水平不高，参差不齐，那么老板权力集中一些更好；如果企业人员能力水平很高，人才济济，那么老板可以适度放权。

从企业的发展能级来看，专业户阶段，所有权、管理权、收益权都在老板手中，这时的企业是一种完全封闭型的企业；个体户阶段，企业逐步释放收益权，成为福利型企业；公司化阶段，企业会释放一部分管理权，成为职业型企业；部门化阶段，除了保留所有权外，管理权和收益权都释放出去，成为君宪型企业；集团化阶段，企业的所有权也逐步释放，但是大股东仍然占有股份的绝大多数，这时企业进入半君宪型企业发展阶段；产业化和资本化阶段，企业进入宪政型、国有型阶段。因此，企业的发展也是伴随着权力的释放一起推进的。

企业股权释放要踩准时机

企业应该在什么时候释放公司股权，又应该释放多少股权？一般来说，不同的发展阶段，企业股权释放的额度是不同的。

老板要有长远的眼光和规划，既需要在不断释放企业股权的过程中捆绑和激励核心人才，又需要考虑风险。过多释放股权可能会造成企业创始人失去企业控制权而处于被动境地。因此，在不同时期，企业需要有不同的应对策略。

专业户、个体户阶段

专业户、个体户阶段，企业处于发展的初创时期，实力很弱，要资源没资源，要资金没资金，要人才没人才，老板需要亲自上阵，很多事情需要亲力亲为。这个时候做股权激励，最主要的目的是吸引、留住优秀人才。至于策略，可以采用以下两种：

第一，在职分红激励。这种激励的优点是既鼓励了员工，又不会影响企业的决策权。老板格局大一些，可以多分一些。不过，采用在职分红激励的方法也要注意度，需要从企业的发展前景考虑，进行统筹规划。

第二，注册股激励。这种激励适合对企业优秀的中高层经理人进行激励。但是，由于涉及企业控制权，注册股释放的额度不宜超过总数的1/3。也就是说，老板可以影响控制的股权额度最好大于或等于2/3。老板在企业中绝对控股，这在股权统筹中叫作进攻型统筹。

进攻型统筹可放可收，可进可退，创始人不但拥有防御权，也有进攻权。企业当中如果有非常重要的大事，只要2/3以上股东表决通过就为有效。也就是说，虽然释放了33%的股份，但实际上企业创始人拥有企业的绝对控制权。

当然，如果企业经营不善使得股东利益受损，通过其他途径无法解决的，持有企业10%以上股份的股东，就可以请求人民法院解散该企业。

由于处于初创期，企业管理者还不成熟，还不能独当一面。当创始人拥有企业67%的股份时，可以顺利贯彻相关政策，确保运行顺畅。

公司化阶段

当企业处于公司化阶段，企业管理者的素质不断提升，专业水平不断提高。老板可以抽身出来，进行企业的战略规划，做长远的思考。这个时候，我们可以将股份再次释放一些，给高层干部，让他们从小股东慢慢变大，逐步成长为企业的核心股东。老板只需要做好管理型统筹即可。

当企业处于发展期，如果创始人要实现相对控股，最好拥有大于1/2的股份，有52%的股份更好，这主要是针对未来上市的情况考虑的。

> 当企业处于发展期，如果创始人要实现相对控股，最好拥有大于二分之一的股份，有52%的股份更好，这主要是针对未来上市考虑的。

假设企业要走上市路线，老板的股份必然会被多次稀释。最少有两次股份稀释。第一次会有风投进来，一般风投入股会占10%的股份。这时候要同比稀释10%。第二次是企业要上市，要发行公众流通股，发行公众流通股最低额度是不得低于公司总股本的25%。因此两次共稀释了35%的股份。假设老板以前是51%的股份，被稀释35%，还有33.15%的股份。假设老板是52%的股份，被稀释掉35%，还有33.80%的股份。33.15%与33.80%区别在于一个小于1/3，一个大于1/3。当老板拥有2/3股份的时候，就拥有一票否决权，外围股东不管怎么整合，股份加起来最大也不会超过2/3，外围股东必然会受到牵制。

部门化阶段

当企业初具规模，正在迅速扩张，进入部门化阶段，企业继续实行股权激励，吸纳更多优秀人才加盟，老板可以进一步释放股权。这时，股权控制在1/3以上会比较合适。大于1/3，意味着老板拥有企业的重大事件否决权，我们将此结构称为防御型统筹。

因为股东大会或股东会做出特别决议时，要采用绝对多数通过的原则，绝对多数指做出特别决议时，应有代表股份总数的2/3以上的股东出席，并由出席会议的持有2/3以上表决权的股东同意方可通过。比如是否解散企业、是否同意合并、重组等重大事件，创始人拥有1/3的股份，便意味着有对此事进行否决的权力。

集团化、产业化、资本化阶段

当然，随着企业继续发展，到了集团化、产业化、资本化阶段，企业已经比较成熟，这时创始人就不需要掌握1/3以上的股份，哪怕只拥有企业的3.5%股份，那也非常优秀了，因为企业已经实现了公众治理。

实现了公众治理的企业，组织结构也发生了一定的变化。其变化主要体现在以下三个方面：

第一，企业章程。对于老板来说，自己在企业中所占股份的比例逐渐缩水，但是不必担心失去对企业的控制权。因为早在企业发展初期，他们就在章程里定下了游戏规则，可以使创始人的利益不受损失。比如，该股东为创始人股东，无论其股权被稀释到何种程度，他在企业的表决权不会低于某个百分比。再如，该股东为创始人股东，他具有提名董事会成员的资格，创始人股东提名的董事会成员必须占董事会半数以上的席位。

第二，基金分析师。在我国，不少知名企业，如蒙牛、国美等，都有外资股东。其中，很多都是风投公司。这些投资机构都会聘用基金分析师。一旦自己投资的企业做出某个重大决策，基金分析师就会针对这个决策进行分析，并迅速拿出报告，以判断这一决策会不会影响投资者的利益，会不会影响到股东的盟约。一旦影响股东利益，股东就会施加压力，或者联合其他股东，比如说企业家族，来给职业经理人施加压力。

第三，律师。随着企业发展越来越规范，在我国，即使是一家小企业，也会聘请一位法律顾问或法务专员来处理相关的法律问题。律师更是在上市公司的发展中发挥着不可替代的作用。他除了担任公司的法律顾问，更会对企业决策、是否影响股东利益等问题进行监督。一旦发现企业某些决策危及股东利益，律师就会提出相关建议为股东挽回损失，甚至会诉诸法律手段。

省钱：建立管控体系，提升企业运转效率

每个人都有逃避痛苦、追求快乐的欲望。因此，企业经营一方面需要建立相应的激励机制，引导员工追求更大的快乐；另一方面也需要建立相应的惩罚制度，员工一旦犯错，就要接受相应的惩罚。

员工很可能只会做你检查的，而不会做你希望的！因此，团队管控意在引导员工的行为，而不在于为了多么有效地控制员工。当企业为了管控而管控的时候，那么整个组织就是死板的或无效的。

前面我们已经讲过激励机制，激励机制旨在激发员工动力，而管控制度旨在约束员工的不良行为。二者互为补充与促进，推动员工按照企业想要的方向去做事。

同时，团队管控作为"三钱"体系的重要组成部分之一，

除了发挥省钱的功能外,还有赚钱、分钱的功能。

在这里,我从绩效考核、流程设计、日常管控三个方向进行详细阐述,从而帮助企业提升运转效率,推动团队实现企业的既定目标。

绩效考核引导员工达到企业希望的目标

绩效考核并非适用于所有企业。尤其对于一些处在创业期的中小企业而言,生存还是第一要务,盲目上马绩效考核体系,会造成人员流失、员工动力不足的窘境,反而会影响企业发展。那么,什么时候才是引进绩效考核的最佳时机呢?

一般来说,当企业越做越大,最高管理者不能有效管控企业人员,员工出现懒散现象时,往往需要做绩效考核。这个时候,员工动力不足,做绩效考核能有效约束员工的不良行为,激发员工动力。当然,绩效考核还必须建立在相应的薪酬激励机制的基础上,而不仅仅是为了管控。

绩效考核的作用主要有三个:第一,可以作为员工薪酬发放的量化工具;第二,可以作为员工培训需求调查的数据来源;第三,可以作为人事调整、岗位晋升的依据。

绩效考核是企业走向规范化管理的重要工具。绩效考核做得好,能够有效推动企业发展;绩效考核做得不到位,将

> 要做好绩效考核，首先必须明确企业目标，引导员工去完成相应的考核指标，进而实现企业希望的目标。

成为企业发展的桎梏。因此，要做好绩效考核，首先必须明确企业目标，引导员工去完成相应的考核指标，进而实现企业希望的目标。下面，我们将用 PDCA 循环图来对绩效考核进行深入分析，具体如图 4-3 所示。

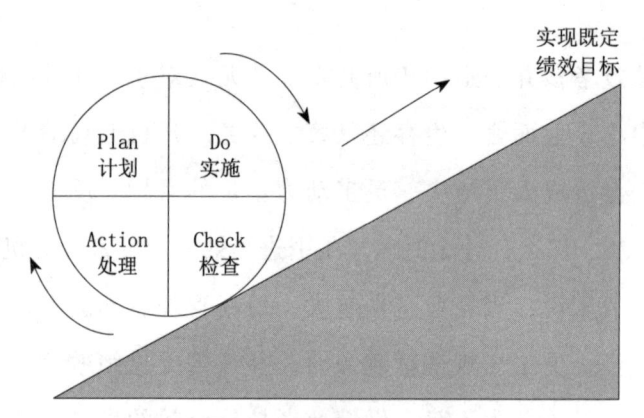

图 4-3　PDCA 循环体系

　　制定绩效目标是实施绩效考核的前提条件。绩效目标包括团队目标、个人目标、长期目标、短期目标。将相关目标进行分解，可以设计相应的指标，例如业绩指标、客户指标、成长指标等。

　　看到目标，处处没有障碍；看不到目标，处处都是障碍。只有目标明确的人，才会想尽办法去完成目标，才会一路向前。因此，明确、清晰、操作性强的目标是推动团体或个人向前发展的动力之源。

目标明确之后，我们就会想办法去达成目标，而达成目标首先需要做的就是设计良好的行动计划。行动计划包括要实现的目标、现有条件分析、所需资源、行动措施、前进方向、问题解决等，它是一个计划性的文本，会伴随着行动过程而不断优化调整。

做才是第一位的。计划如果不能有效地实施与执行，那么只能是废纸一张。在实施环节，每个人都必须具备超强的执行力，要有不达目的誓不罢休的特质。

在员工做的过程中，企业需要做好监督检查，督促员工按照相应的规章制度完成更高的目标。同时，通过相应的检查，可以有效地发现问题，弥补员工的不足之处。

检查过后，就是相应的处理环节。做得不到位的，企业需要进行相应的调整或改变；做得到位的，需要再接再厉，发扬光大。

通过计划、实施、检查、处理这样一个循环过程，员工的能力得以提升，为冲刺更高的目标创造了条件。整个绩效管理也是这样一个过程，通过这样的循环体系，推动员工实现相应的绩效目标，进而实现企业的整体战略目标。

在明白整个绩效管理目标推动体系之后，我们必须明白如何设计绩效考核方案。一般来说，KPI、平衡计分卡是绩效考核最常用的方式。

对于基层销售人员来说，最常用的就是KPI，为员工设计相应的关键绩效指标，然后赋予相应的权重比例，计算关键绩效考核指标的分值，最后以相应的分值作为绩效薪酬发放的标准。

例如，我们为销售人员设计业绩指标、应收账款指标、客户满意指标三个衡量标准，分别赋予30%、50%、20%的权重值。这样，假如一名销售人员业绩指标为70分，应收款指标为80分，客户满意指标为75分，那么该名销售人员应得绩效分数为76分。

如果员工绩效分数为60分以下，绩效薪酬为零；60分至80分，则用实际分数减去60分，得到的数字乘以80，作为绩效薪酬数字；如果分数超过80分，则用实际分数减去60分，得到的数字乘以100，作为绩效薪酬数字。那么该名销售人员绩效薪酬为（76-60）×80=1280（元）。

上述案例中，应收账款占的比例较大，员工需要获得更高的薪酬，就必须努力把钱收回来，同时又不能忽视做业绩和提高客户满意度。

平衡计分卡是主要针对管理者而设计的绩效考核方式，打破传统绩效管理只注重财务的业绩管理方法。平衡计分卡主要涉及四大指标：财务、客户、内部运营、学习与成长。

企业可以根据自身的情况设计相应的绩效指标和权重，

赋予员工相应的绩效薪酬，推动员工为实现相关的绩效目标而冲刺。

规范流程让企业管理更高效

良好规范的流程可以让企业运转变得更加高效。每个人在整个流程体系中发挥出应有的作用，从而推动整个企业快速向前发展。但是，作为中小企业，常常处于激烈的变化之中，细致规范的流程往往对企业发展形成制约，并不利于企业发展。

管控的一切都是为了让企业运行更加高效，不能为了管控而管控。所以，当企业需要有效优化公司的管理流程时，我们可以从外部市场的情况进行考虑，首先优化公司的组织结构，然后在此基础上，确定相应的岗位职能和流程优化。

市场区域划分与组织结构设计

为什么要在这里讲市场区域划分？因为市场区域划分直接影响销售团队组织结构的设计。常见的市场区域划分标准有四种：区域、产品、客户、矩阵。

按区域划分：

不少企业都喜欢在各地建立区域性的分公司，比如武汉分公司、长沙分公司、成都分公司等，每个分公司负责所在区域的产品销售。当然，也有不成立区域公司而成立区域性部门的情况。每个部门分别负责不同的区域，比如一组负责华南地区市场，二组负责华东地区市场，三组负责华北地区市场。

一般来说，按照区域划分组织结构时，企业具有以下特点：第一，企业经营的产品种类单一或者类似；第二，产品性能不太复杂；第三，面对的客户数量众多；第四，客户分布的地域广阔、分散；第五，销售商品多为通用类的产品。

按产品划分：

不少企业的产品可能不止一种，存在 A、B、C 类产品，或者不同型号的产品。企业根据自身的需要设计以产品为主导的组织结构，例如一组营销团队主卖 A 类产品，二组营销团队主卖 B 类产品，三组营销团队主卖 C 类产品。

一般来说，按产品划分组织结构的企业具有如下特点：第一，经营产品种类众多；第二，产品比较复杂；第三，客户分属不同行业，且彼此之间差异较大。

按客户群划分：

按客户群划分组织结构，是指针对不同客户群类型，设计对应的组织结构。比如企业客户群包括家庭用户、公司用户、政府部门用户，企业可以成立相应的部门，分别负责不同客户群体。

一般来说，按客户群划分组织结构时，企业具有以下特点：第一，产品的销售集中在一些采购量大的主要客户身上；第二，客户的经销网点分散，但采购集中。

矩阵式划分：

鉴于上述三种组织结构可能会存在一系列的问题，比如企业可能会卖好几类产品，并且客户群也不同，如果以产品进行划分，那么销售人员拥有的客户资源可能还存在不少购买企业其他产品的需求，并且负责其他产品的销售人员也有可能去拜访你的客户，从而出现撞单现象。如果以客户群划分，可能存在客户群分散的现象，销售人员拜访这一家客户，又需要跑很远才能拜访另外一家客户。这时，我们可以采用矩阵式组织结构来解决相关问题。

矩阵式组织结构以"客户群+产品"的矩阵方式划分市场，避免单一划分市场带来局限。矩阵式组织结构具有以下特点：第一，产品种类多，而且复杂；第二，产品之间相关性不大；第三，不同产品针对的是相似的客户群。矩阵式组织结构详见图4-4。

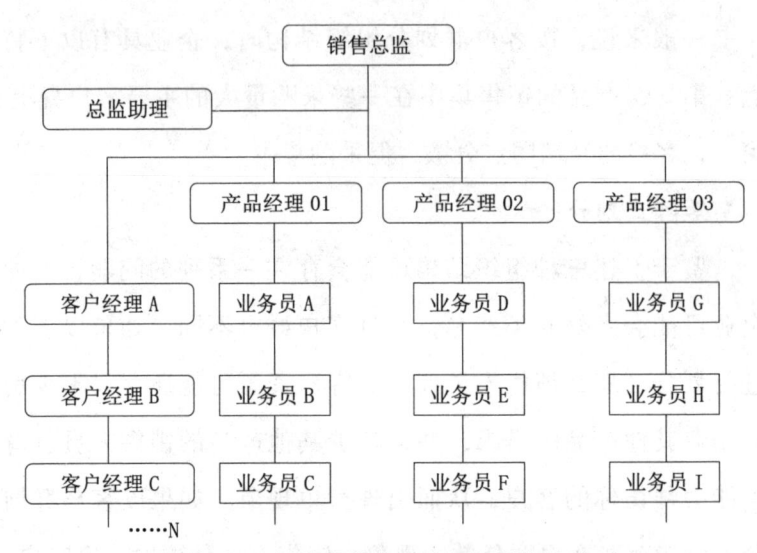

```
                    ┌──────────┐
                    │ 销售总监  │
                    └────┬─────┘
         ┌───────────────┼───────────────┐
    ┌────┴─────┐         │
    │ 总监助理 │         │
    └──────────┘         │
         ┌───────────────┼───────────────┐
    ┌────┴─────┐   ┌────┴─────┐   ┌────┴─────┐
    │产品经理01│   │产品经理02│   │产品经理03│
    └────┬─────┘   └────┬─────┘   └────┬─────┘
    ┌────┴─────┐   ┌────┴─────┐   ┌────┴─────┐
    │客户经理A │   │业务员 A  │   │业务员 D  │   │业务员 G│
    └────┬─────┘   └────┬─────┘   └────┬─────┘
    │客户经理B │   │业务员 B  │   │业务员 E  │   │业务员 H│
    │客户经理C │   │业务员 C  │   │业务员 F  │   │业务员 I│
         ······N
```

图 4-4 矩阵式销售团队组织结构设计

由于矩阵型组织结构的诸多优点，它正在被越来越多效能型销售模式的企业应用。然而，并不是每家企业都能很好地进行应用。究其原因有以下两点：一是对销售人员来说，必须对几大类产品的理解、对大客户的咨询式管理的理解、对客户经理和产品经理双重管理的理解等都要深刻；二是对管理系统来说，要梳理好关键业务流程，界定好内部组织职能，明确相关人员职责，合理考核相关人员。

公司流程设计

我们发现，不少企业存在这样一种情况：有几位销售人员业绩特别突出，几乎 80% 的客户都要靠他们来维护，而其他销售人员却业绩平平。虽然从表面上看，这样对企业来说也并不会产生什么不利影响，但实际上却是企业的一大隐患。因为一旦这些业绩突出的销售人员离开或失去工作的动力，企业的整体业绩就会受到很大的打击。

如何才能避免这种隐忧呢？答案是除了提升每位销售人员的能力之外，还需要优化企业的流程设计。就像麦当劳、肯德基那样，良好的流程运作保证了企业的正常运行，任何人的离开都不会对企业产生毁灭性的影响。

至于具体的流程设计，主要包括两部分：内部管理流程和外部业务流程。内部管理流程是为了降低成本、控制经营风险、提升内部运转效率而设计的；外部业务流程则是直接面向客户需求而产生的业务运作流程。

内部管理流程包括财务管理流程、人员招聘流程、人员培养流程、进货发货流程、货物管理流程等；外部业务流程包括客户管理流程、客户开发流程、后期服务流程等。在组织结构完善、流程清晰的基础上，就可以确定相应的岗位职责，大家各司其职，确保企业运转高效。

流程设计可以先从做好调查开始，包括组织结构、业务范围、资源等的调查。在做完相关调查后，确定流程设计范

> 内部管理流程包括财务管理流程、人员招聘流程、人员培养流程、进货发货流程、货物管理流程等，外部业务流程包括客户管理流程、客户开发流程、后期服务流程等。

围，比如仅仅是梳理销售业务流程，又或者是招聘流程等。相关流程可以设计成相应的流程图，便于各部门人员了解，按照流程各司其职。在设计完相关流程图之后，可以设计相应册子，对流程规范的具体细节进行相关说明，指导工作。

日常管控提升整体销售表现

在一家企业当中，最难进行量化管理的恐怕就是销售人员。这是由销售人员的工作性质决定的。与其他部门的工作不同，销售人员的工作不是努力了就一定会有结果的，也不存在固定的工作方式，可以让他们一学就会，一学就能用。事实上，销售工作既需要销售人员勤奋踏实地做事，又需要销售人员不断总结、不断思考，以便在实践中不断提升能力。

如何才能在日常工作中有效地管理销售人员呢？我们可以采用四件工具：管理表格、销售例会、述职谈话、随岗观察与辅导（具体如图4-5所示）。

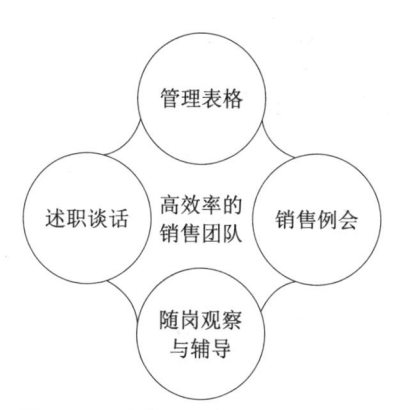

图 4-5 销售团队管控的四件工具

管理表格

不少企业的销售人员外出拜访需要填写相应的表单，每天会以表格的形式向领导汇报工作情况，便于领导了解。采用管理表单主要有以下目的：第一，反映销售人员每天、每周、每月的工作进程；第二，保存相关有价值的客户信息；第三，便于双向沟通，及时了解下属的情况；第四，便于销售工作的调研、总结、规划。

至于管理表格的设计，需要注意以下四点：

一是与利益挂钩。要想让一个人关心，就要让事情与他相关。我们可以设计相应的奖励或惩罚措施，督促销售人员填好每天的管理表格。

二是简单易行。管理表格千万不可过于复杂。曾经有不少企业的高层为了深入了解销售人员的工作情况，设计了很复杂的表格给销售人员填写。殊不知，这不仅增加了销售人员的工作量，还会造成销售人员的抵触情绪。通常情况下，销售人员更喜欢做拜访客户的工作，而不是窝在公司填写大量表格文字。

三是形成习惯或文化。要求销售人员每天填写工作表格，对问题进行总结，时间长了会形成习惯，进而会变成一种文化，影响每位销售人员。

四是对照使用。有对比才能找到差距，将管理表格对照使用，会发现哪些事情做得比较好，哪些事情需要进一步改进。对比可以有两种方式：一种是与他人进行对比，发现差距；另一种是与过去进行对比，找到不足之处。

管理表格多种多样，有计划表、总结表、日志表、客户档案表、行业信息表、竞争对手分析表等。一般来说，销售人员每天需要做的就是填写工作日志。

销售人员的直接主管一定要督促销售人员认真填写表格，通过树立榜样、样板分析、奖惩机制、政策宣讲，让销售人员认真对待，在填写过程中不断提升自我。

销售例会

销售例会是销售人员组织日常工作需要召开的各种类型会议。从时间角度考虑，包括年度、季度、月度、周例会、日例会、早中夕例会；从企业组织结构考虑，包括企业例会、部门例会、小组例会等。

召开销售例会，好处有三：第一，可以表彰先进，激励团队；第二，可以及时了解信息，解决员工遇到的相关问题；第三，可以对不良行为进行警示，及时指出相关问题。

在效率型企业中，销售例会相对频繁一些；在效能型企业中，频率会低一些，间隔的时间要长一些，常会每周或者每月召开一次。

根据工作开展的时间顺序，我们将销售例会分为"战前会""战中会""战后会"，具体如图4-6所示。

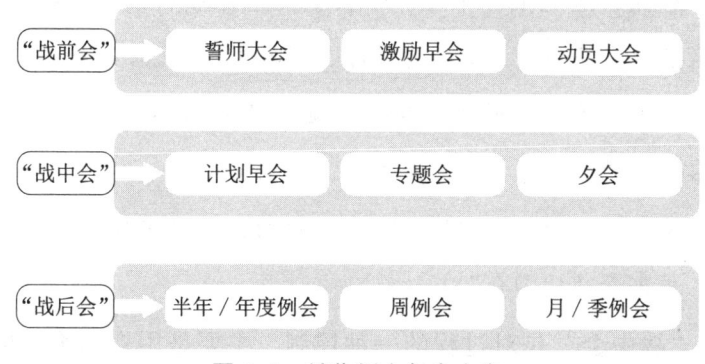

"战前会"	誓师大会	激励早会	动员大会
"战中会"	计划早会	专题会	夕会
"战后会"	半年/年度例会	周例会	月/季例会

图4-6 销售例会包含内容

先来看"战前会"。

召开"战前会"的目的有五：一是表彰优秀员工，树立标杆；二是把握宏观问题，了解企业的经营状况；三是进行群体激励；四是进行专题培训；五是强化企业文化。

激励性的早会是"战前会"中最重要的内容。召开激励性的早会，一定要注意以下问题：

第一，避免成为领导发威的场所。不少企业领导喜欢在早会上乱发脾气，结果造成销售人员一整天士气不高，缺乏斗志。既然是早会，就一定要多鼓励，多打气，激励大家。

第二，注意控制时间。早会最好不要超过半小时，时间过长，一方面占用了大家的工作时间，另一方面耗损了大家太多的精力。

第三，进行充分准备。尤其是早会的主持人，最好提前准备，保证每次早会都有效率，达到激励的效果。

第四，避免批评个体。早会上无论是点名批评，还是不点名批评，都会让大家人心惶惶，影响士气。

第五，不要展开大讨论，有疑义的专门协调。如果讨论过多，将耗费全体人员大量时间，影响工作。

第六，要形成会议纪要，便于保留、学习或改进。

再来看"战中会"。

"战中会"是对过程的一种控制，主要是用来明确目标、发现问题、解决问题、调整策略、总结经验、后期工作部署等。

明确目标。销售经理需要组织各类日常的会议，不断明确每个人的目标，让他们有为实现目标而努力奋斗的激情和愿望。

发现问题、解决问题。销售人员工作中总会遇到各类问题。销售主管需要组织会议，对相关问题进行解决，每次问题的解决都是一次很大的进步。

调整策略。当营销计划在实施过程中与实际情况不符，企业需要及时调整策略，也需要相关主管在会议上做好宣导工作。

总结经验。好的工作方式我们需要沉淀、宣讲，让大家都能学会；不好的工作方式我们需要总结，便于下次改进。

后期工作部署。后期工作部署是为了更好地完成既定的目标，是在前面经验总结的基础上对后面工作的一种安排。

最后来看"战后会"。

"战后会"主要是一种总结性的会议，包括"战后"结果通报、优秀人员的表彰、下期工作计划的安排、文娱活动等。

第一，在月度、年度总结会议上，企业需要对整月或整年的工作进行总结，包括得与失、经验与教训。

第二，对于表现优秀的员工，企业需要在会议上对他们进行表彰，树立榜样，让他们成为大家学习的楷模。

第三，对下期工作进行安排。下期工作计划安排，包括制订下一年度工作计划，需要实现的目标，为完成相关目标将采取怎样的策略。

第四，进行适当的文娱活动。文娱活动可以有效活跃气氛，融洽团队关系，增添企业凝聚力。

述职谈话

述职指的是上级与下级按照特定的规程进行的面对面的沟通，双方在充分准备的基础上，通过沟通确认工作职责、总结工作或履行职责的一种正式工作谈话。

述职谈话要注意以下几点。

第一，事先安排，形成惯例。

主管可以和销售人员进行事前约定，每周或每月进行一次正式的述职谈话，对最近一周或一月的工作进行总结。

第二，单独述职，严格正式。

述职谈话要求一对一地进行。这样不仅可以全面展现销售人员遇到的各种问题，还可以让主管更加真实地了解销售人员的想法，效果也更好。

第三，充分准备，思路清晰。

述职双方事先将要谈话的内容进行充分的准备，可以进一步保证谈话的效果，能够更好地解决问题。

第四，平等坦诚，轻松认真。

述职谈话一定要营造一种轻松愉快的氛围，让主管与基层人员实现平等对话。这样，基层人员才更愿意说出心中的想法，主管也更容易掌握基层人员的需求。

第五，新老区分，各有侧重。

新员工和老员工在进行述职谈话时，会有很大的差别。老员工工作时间长，对业务流程、企业情况都非常熟悉，一般述职谈话会少一些，即使有，更多是了解老员工内心的想法，掌握他们的工作状态。而新员工各方面都需要学习，述职谈话在于掌握他们的进步情况，同时了解他们的工作心态，提升他们的抗压能力。

第六，达成共识，双方确认。

述职谈话要能达成一种彼此都认可的结果，便于相关人员进行改进，同时能实现主管的相关目标。如果不能做到彼此认可，那么这次述职谈话就是失败的，需要总结。

述职谈话是一个双向沟通的过程，也是对相关人员的一次总结与提升。成功的工作述职在于销售经理平时点滴的分析、观察和积累。平时分析、观察和积累得越细致，述职的效率就越高。

随岗观察与辅导

随岗观察与辅导就是跟着销售队伍出去拜访客户，或随时抽查，或突然出现在销售人员面前发现各种问题随时进行辅导。随岗观察与辅导适合所有的销售人员，具体方法就是随访、协访、抽查、巡查、突现等。

随岗观察与辅导需要做到以下几点：

第一，保证必要的巡查量。

我们发现，不少管理者在成为经理、总监之后，很少下到基层做巡查，总是感觉一切都在掌控之中。销售人员"单飞"之后，几乎脱离企业的管辖，销售人员做什么，销售经理可能很难真正了解。保证必要的巡查量，一方面可以督促员工做好工作，另一方面可以进行随岗辅导，及时发现问题、解决问题。

第二，要有一定的单独成单量。

作为一名销售经理，一定要保持基本的单独拜访量或销售量，因为市场在不断变化，竞争对手在不断变化，自己的销售队伍也在不断变化。销售经理如果不单独成单，很难有务实的东西教给大家。

第三，"居其侧"观察。

"居其侧"观察包括匿访、协防、带访。匿访，直接"居其侧"，只在旁边观察、发现问题，不参与业务互动。协访，以销售人员为主，以经理为辅，经理是过渡，关键事项由销售人员完成。带访，经理把控关键环节，销售人员完成基本工作。

第四，不要急于指点。

销售经理随岗辅导，对于销售人员的不规范行为，不要急于指点，避免暴躁指点，避免急切指点。关键时刻及时接手并示范，回来后系统总结并进行集体学习。

第五，多看、多听、多问、多记。

注意多看、多问、多听和多记。注意销售人员的每个细节及苗头，仔细倾听销售人员与客户的谈话内容，销售经理应当尽量少说多问。随时随地记录看、听、问到的信息。把所有相关信息疑点记下来,目的是之后可以针对这些信息向销售人员多问两句,或回来辅助销售人员成单,或作为总结培训之用。

重点提示

企业经营就是在解决三件事情:赚钱、分钱和省钱。老板要用营销解决企业赚钱的问题,用薪酬、股权激励解决企业分钱的问题,用团队管控解决企业省钱的问题。老板经营事,必须借助人,所以老板要做的事,就是调动人去完成这三件事。

其中,要做好赚钱的事情,就要关注客户的感觉需求,创造一种"场",让客户在自我说服的过程中顺利实现产品销售;要做好分钱的事情,就要理清企业中所有权、管理权、收益权三者之间的关系,平衡钱与权的矛盾;要做好省钱的事情,就要建立管控体系,提升企业运转效率。

CHAPTER

第 5 章

涨格局：老板的高度决定企业的高度

- 做老板，思想就要超前一步
- 老板要经营好企业，必须敢想敢干
- 老板要成为企业的"头狼"

老板是企业的顶层设计师,是企业发展的总规划师,老板能否自我成长决定企业能走多远。所谓好老板,并不在于老板个人业务能力有多强,而在于老板有远大的梦想、坚定的信念、宽广的胸怀,更重要的是敢想敢做。

做老板，思想就要超前一步

老板和别人到底比什么？比有钱？一般老板刚创业的时候，还得东拼西凑地去借钱，来缓解资金不足的问题。所以，比有钱不太可能。那是比能力？只要仔细观察，我们就不难发现：老板身边并不缺少有才能的人，有做事专业的职业经理人，有"海龟"、读过EMBA的管理人才。比管理能力，老板显然不如职业经理人；比技术，老板又显然不及专业的工程师。但是，这些人才都心甘情愿地为老板服务。那是比机遇？……老板比的不是这些，老板比的是梦想、信念与格局！

老板比的是梦想

如果老板的梦想很小，企业是很难做大的。梦想是人生第一大动力。很多人之前的各种条件都很差，为了改变命运，他们奋发图强，打地铺，啃馒头，都要把创业这件事情干成。

不过，不少人挣到钱之后，很快会出现"小富即安"的想法，丧失了斗志。所以，要想有更大的动力和追求，老板必须和有更大梦想、更成功的人在一起比一比。只有出现落差的时候，才知道自己是"小菜"，需要继续发奋图强。老板必须有野心。如果赚钱是老板创业的唯一目标，一旦赚到了钱，老板很可能就会丧失斗志。

会花钱的人才会挣钱。越是那些习惯大手笔的人，挣钱就会越容易。当然，在这里，并不是鼓励大家去拜金，而是通过花钱去刺激老板实现梦想，重新唤醒老板的斗志。因为老板一旦丧失梦想，跟随老板的员工也会失去前进的方向。

我在经营企业的过程中，就经常会要求员工在年初制作自己的梦想板。有的员工希望自己三年内可以在大城市买房买车，于是在电脑上画出一栋漂亮的房子和一辆漂亮的车子，并在上面署名。随后，又将梦想图打印出多份，贴在办公桌前，贴在卧室、厨房、客厅、卫生间等。而员工每天醒来第一件事就是温习自己的梦想。这样，员工的斗志每天都会被梦想点燃。

老板要与他人比梦想，不仅仅要实现自己的梦想，更要帮助别人实现梦想。老板与他人比，不是看自己有多好的车子和房子，而是看帮助多少员工实现了买车买房的梦想。老板每天只是盯着自己的利益看，顶多只能成为小企业的老板；老板盯着员工的梦想看，员工会在实现自我梦想的同时，帮助老板实现更大的梦想。

> 老板要与别人比梦想，不仅仅要实现自己的梦想，更要帮助别人实现梦想。

老板比的是信念

信念坚定的人往往容易影响信念不够坚定的人。所以，信念坚定的人更适合做领导。人的一生是内在世界的外在实现过程，坚持什么，往往就能得到什么。

老板比的是"六信"。第一，信行业。相信在这个行业能赚钱，不会轻易去换行业。第二，信公司。相信自己的公司是最好的，才会全力以赴去做好。第三，信管理者。相信管理者是最好的，敢于授权。第四，信产品。相信自己的产品是最好的，敢要求客户购买。第五，信团队。相信团队是最好的，敢迎接各种困难和挑战。第六，信自己。相信自己是最优秀的，才会天下无敌。

当老板拥有这六条坚定信念的时候，老板的影响力和魅力才能得到充分释放。

同样，老板需要让自己的员工相信，树立对公司、对产品、对老板的信心。

比如，一名销售人员刚入职，接受了几个星期的培训，对企业的产品很有信心，但是真正走向市场三五个月之后，就会觉得企业的产品似乎没有那么好。为什么会出现这种情况呢？因为销售人员走向市场之后，会直接与客户接触，从客户处得到第一时间的反馈。收到的负面评价多了，销售人员就会逐渐对企业失去信心。于是，不少人会在入职一段时间之后迅速离职。

针对上述情况，企业在培训新员工的时候，需要在员工心里树立这样一个信念：任何东西没有最好的，只有最合适的。对于客户来说，适合他们的东西才是好商品。比如，每天都要拜访客户的基层业务员不会穿一件几万元的西服，因为他穿了这样的衣服会让客户产生怀疑。

企业的产品之所以销售情况不佳，是因为没有找到对的客户。真正的原因在销售人员自己身上。这时候，销售人员需要思考的是如何提升自己，而不是如何尽快离开。**没有最好，只有引导得更好。**我们发现，比较受欢迎的产品都是引导做得比较好的。比如大家再熟悉不过的脑白金，就是广告引导得好的代表。曾经大火的脑白金，从产品效用上来看，主要消费人群是老年人，但购买者却多是中青年人。因此，脑白金广告中出现的"爸妈"形象和与"爸妈"相关的广告语，直接撼动了无数消费者的心。引导做得好，可以帮助效用一般的产品成为畅销品；引导做得不好，也会让本来质量和效用都出众的产品在仓库里发霉。

总之，无论我们做的是什么样的生意，卖车、卖房、卖水、卖电器之类，都不重要，重要的是要搞明白：产品只是载体，项目只是通道，企业只是舞台，我们最终练习的是经营的能力。而经营能力当中最重要的一种能力就是经营任何项目都要充满信心，而且这种信心要无比坚定，甚至是傻乎乎地相信。傻乎乎地相信胜过一百万倍聪明的怀疑。

就像"农夫山泉有点甜"，如果有一万个人在喝了之后都说甜，我们喝了之后也会觉得甜。如果说不甜，一万个人都在看着，我们会觉得自己的味觉出了问题。因此，信念坚定的老板，会影响带动别人，会凝聚力量，会助推自己成功。

老板比的是格局

格局决定结局，老板如果胸怀不够宽广的话，就很难被员工认可，也很难让员工信服。我曾经接触过这样一家公司。

公司的老板派员工小王去客户那里跟一个友情拍摄的项目。客户给了一个 2000 元的红包作为答谢。老板认为，反正小王是自己公司的员工，自己也给他发工资了，应该可以不用给红包。于是，老板把这个红包拿走了。

> 格局决定结局，老板如果胸怀不够宽广的话，就很难被员工认可，也很难让员工信服。

后来，小王去客户那里跟拍的时候，偶然从客户方的员工小刘那里听说了红包的事情，感觉非常气愤。回到公司之后，小王就把这件事告诉了同部门的另外一个同事。结果，一传十，十传百，很快全公司都知道了老板的小气。以后再遇到类似的事情，大家都不愿意去。这位老板最大的问题就是死死抓着小钱不放。2000 元，即使对于一家小企业来说，也并不能起到节省成本的作用。既然如此，还不如把这意外之财全部分给员工。这样，大家会更有干劲儿，更能帮助公司维护好客户，之后给老板带来的回报也会源源不断。

不少老板总是抱怨员工没有斗志。究其原因，就是老板没有唤起员工的狼性，没有给他们"肉"吃，或者没有让他们看到将有"肉"吃。员工每月领到的工资并不高，如果还不能获得其他额外收益，这时还要求员工有干劲儿，肯定很难。

价值必须能相互交换才有意义。老板只有帮助员工实现更多的价值，才能获得更多的回报。**格局决定结局，老板能成就员工多少，员工才会给老板回报多少。**

老板要经营好企业，必须敢想敢干

一般来说，老板都是先去做，然后才成为老板的，很少有企业老板说自己是先上了"老板大学"，具备成为老板的各方面能力了，再去做企业的。当不懂时，干着干着就懂了，中小企业老板几乎都是先开枪后瞄准，先想着要去当老板，并努力去干了，然后才慢慢具备了老板各方面的能力。所以，老板要经营好企业，必须敢想敢干。

一个真正能成为优秀企业家的人，很多时候是在找寻市场的空白，捕捉市场的天机。好的机会、好的项目、好的关系，往往成为最先下手去干的时机。相比之下，"学霸"们成为优秀企业家的概率要稍低一些。因为不少"学霸"在学习了相当多的知识之后，会被学到的知识束缚住头脑，为自己设置过多的人为障碍，迟迟不敢迈出创业的第一步。

老板需要甩开思想的沉重包袱

在日常生活中，不少人都活在别人的观念当中，很多东西放不开，总是把事情看得很复杂。举个简单的例子。我在进行培训的时候，常会要求学员们张开双臂去拥抱自己座位前后左右的同学。开始的时候，很多学员都做不到，因为放不开，总是感觉不好意思。他用眼睛偷偷瞄左边的女同学，发现女同学不理他，只好把头转回来。过了一会儿，旁边的女同学也忍不住了，偷偷地去看旁边的男同学，发现男同学没理她，只好把头缩回去。实际上，大家都想拥抱，却缺乏"临门一脚"的勇气，就是因为想得太复杂。

比如，有些销售人员去拜访客户，正好碰上客户在陪朋友吃饭。这时候，大部分人会说："张总，对不起，不知道你们在吃饭，等您吃完饭我们再聊！"通常情况下，张总会邀请销售人员一起进餐。大部分人都会再三推脱，说自己吃过了，坚持饭后再聊。结果，客户的宴会结束得很晚，销售人员既没有机会跟客户拉近距离，谈好生意，又让自己的胃受罪。

而那些有经验的优秀销售人员就不会这样做。他们如果接到客户的邀请，会果断接受，先把握住与客户近距离接触的机会，改天再约个时间邀请客户作为补救措施。

两种不同的做法带来的是两种截然不同的结果。后者很容易因为在客户面前频繁地出现而赢得订单，拘谨的前者则机会较小。

不仅是销售人员，老板也是一样。身为掌握企业生死存亡大权的老板更要解放思想，甩开思想的包袱。在为老板学员做培训的时候，我曾经为给家布置了这样一个作业：坐飞机的时候找空姐要电话号码。开始的时候，大家都不好意思。没办法，作为老师，言传不如身教，我亲自上阵示范。

当然，让大家找空姐要电话号码，并不是鼓励大家去对漂亮的女孩子做一些不尊重的事情，而是通过要电话号码的过程迈过自己心里的那道坎儿。很多时候，甩不开思想包袱实际上就是面子问题。爱面子很多时候对于正视企业面临的问题并没有积极的促进作用，却常常阻碍老板做出正确的决定。

所以，要想成为优秀的老板，就一定要放下面子，甩开思想的包袱，脱掉身上唯美的外衣，用自己的本性来活，会活得更加精彩。经营企业也是一样。不把简单问题复杂化，敢想敢干，甩开包袱往前冲，企业往往能做得更好。

老板需要经营自己的胆识

俗语说，狭路相逢勇者胜。为什么是勇者胜，而不是智者胜呢？因为勇者敢想敢做，只有做了才能总结出方法，才能知道该怎么做。老板就是深谙其中道理的人。什么是老板的思维？老板的思维就是先开枪后瞄准，而专家的思维是瞄准之后再开枪。遗憾的是，很多时候，当你还在瞄准的时候，猪跑了；当你还在犹豫不决的时候，鸟飞了。

无论做什么事情，胆量永远是迈出第一步的前提。一个人要成功，必须先有胆识，有胆识之后才有知识，有知识之后才有见识。因此，一个人要培养胆识，尤其是要成为优秀企业家的老板。

而且，有时候，并不是懂得越多，成功就越容易。比如电脑的软件装得多，虽然功能增强了，但电脑反应往往也更慢了。本来想提高电脑的使用效率，结果却不尽如人意。再如之前对于礼仪并不精通，只是按照传统的习惯去做；后来去上了礼仪课，结果发现自己不知道手脚该往哪里放了。过度依赖专家的思维，有时反而制约了自身的发展。

有胆有识、敢想敢做，是老板的个性和特质。这些特质也成就了老板的思维与地位。老板若想在竞争激烈的移动互联网时代站稳脚跟，就一定要提升自己的胆识，继续保持自己的特色。因为古往今来，所有专家型的人才往往都是为有胆识的老板服务的。比如，张良、萧何聪明能干，却为刘邦服务；诸葛亮上通天文，下晓地理，为刘备服务；刘基神机妙算，料事如神，为朱元璋服务。

老板需要经营自己的心境

我们发现,当老板内心非常平静的时候,他做出的判断可能会更加精准。相反,心急烦躁,判断容易失误。这就好像车开得越快,往往就越容易出事一样。慢有时候就是快,快有时候就是慢。所以,老板做生意的时候需要经营自己的心境,一定要做到心平气和。老板带团队,团队业绩往往和状态成正比,团队状态越好,业绩往往越好。

作为老板,你有没有钱并不重要,重要的是让别人感觉你很有钱,让别人感觉你很有能力,让员工感觉跟着你有未来。

我以前在做销售经理的时候,给基层销售人员每人一个有50个客户姓名的名单,让他们打电话。那些有状态和没状态的销售人员,打电话的时候差别很大。没有状态的员工拿起电话就说:"你是×先生吗?我们公司有个新的楼盘,有没有兴趣了解一下?"对方一听,又是搞推销的,真讨厌,直接就拒绝了。一听对方拒绝,没有状态的员工就会说:"暂时不考虑呀?打扰你了!"随后挂断电话,接着打下一个……这样不断重复,恐怕最后打到乌拉圭,也不会找到有兴趣的客户。

而有状态的业务人员就不一样了。他拿起电话:"请问您是×先生吗?我们公司有一个新的楼盘您有没有兴趣了解

第5章
涨格局：老板的高度决定企业的高度

一下？"

"什么？没时间？×先生，像您这样的成功人士没有时间是很正常的。时间就像海绵里的水一样，它不挤不出来。您看我讲的有没有道理？哥，您看是今天过来呢，还是明天过来？"

"什么？没时间。哥，其实时间就是对事情重要性的安排。当您认为这件事情重要，它就有时间；当您认为这件事情不重要，它就没时间。哥，您看我讲的有没有道理？哥，您看是今天过来呢，还是明天过来？"

"哥，不是我烦，你们公司的员工假如都像我一样，那么积极主动推销自己的产品，你们公司业绩也会提升两倍、三倍，您说我讲的有没有道理？哥，您看是今天过来呢，还是明天过来？"

"哥，您怎么会没有钱呢？一个人真的没有钱，那肯定是没有抓住挣钱的机会，您看我讲的有没有道理？哥，您看是今天过来呢，还是明天过来？"

"哥，我不是要把房子卖给您，其实我真的很想为您保住一次挣钱的机会。哥，您知道吗，现在拿出20万、30万往上面一放，过半年会涨到50万、80万。哥，难道您真的不想挣钱吗？那您是今天过来呢，还是明天过来？"

当一个销售人员能讲出这样的话的时候，他内心一定非常有状态，非常有主观能动性。做营销和做其他工作很不一样，因为其他工作做了就会有结果产生，而做营销却不一定，做了不一定会有结果。销售人员需要拿出状态，持续拜访、联络客户，让客户相信这个项目，相信这个产品，相信这个服务，最后决定购买。销售人员没有主观能动性，没有意愿，没有从要我干变成我要干的意识，基本上是没有什么发展的。

做营销人员如此，做老板也是如此。老板经营企业，一定要心境平和，状态饱满，藐视挑战，笑看问题。

老板需要经营自己的信心

不少老板对自家企业的项目没有信心，对自己的事业没有信心，却唯独要求员工要对他有信心，对他忠诚。这样的做法是充满矛盾的。自己都没有信心，凭什么让别人对自己有信心呢？这不是自欺欺人吗？

所有出色的老板对自己的事业都是百分之百充满信心的。有人说，信心既看不见，又摸不着，为什么会有这么大的作用呢？对此，我国著名思想家老子早有定论。老子有言：天下万物生于有，有生于无。意思就是，天下万物都产生于有形的东西，而有形的东西产生于无形的东西。很显然，所有有形的东西都是被无形的东西影响着的。高手早已明白了这个道理，而一般人都是看到了之后才相信的。

正因为如此，那些对于自己的事业如痴如醉地相信的人，通常都会成为成功者，成为某家企业、某项事业的领导者。他们都是先坚信自己能够成功，然后再将这个信念传达给别人。

举个例子。两个小孩子在一起聊天，其中一个讲话很坚定，另一个就不那么坚定。讲话坚定的人容易影响和带领那个讲话不坚定的人。可是，作为成年人，我们跑到他们旁边听，却惊讶地发现：讲话坚定的孩子虽然讲话坚定，但很多说法都是错的，而那位讲话不坚定的孩子却听得很开心，很投入。对于听得很开心的孩子来说，也许讲什么内容不重要，重要的是开心。能否在讲话的时候坚定信念，是让讲话不坚定的孩子开心的关键点。

夸张地说，世间无真假，一切皆认知。老板经营企业的领域更是没有真假。老板必须领悟到这个层面，那就是眼前的世界是流动的，一切都在变换，哪有什么不可能，一切皆有可能！

一切皆有可能，这句话你多大程度相信，就有多大成就。这个世界上的事都是人做的，只要是人可以做的，就可以搞定，因为人是感性的动物。

比如，一位优秀的女企业家事业非常成功，在行业内可以说是"呼风唤雨"，但在买衣服的时候却经常会被店员"忽悠",买了一堆不适合自己的衣服,从来不穿。这是因为,买衣服的时候需要不断地试穿,试了几次之后,可能就会头脑发蒙,觉得这件也不错,那件也很好。这时候,店员走过来说:"美女,您看这衣服穿在您身上多漂亮呀!您的身材,您的气质,穿上这衣服,就俩字:美啊!"女企业家听了这话之后,心里非常高兴,头脑一热就掏钱买衣服走人。

结果回到家里,女企业家兴冲冲地穿上新衣服让家人欣赏,正在看电视的老公一句话就让她兴致全无:"好看?缺点全显出来了!"从此,这件衣服再也难见天日,只是在女企业家的柜子里发霉。

其实,这件衣服到底怎么样呢?恐怕只有穿的人才最有发言权。女企业家的不自信让这件衣服失去了应有的价值。平时的聊天、穿衣如此,老板经营企业也是如此。老板要经营好自己的企业,就必须对自己的企业有信心,对自己的产品有信心,对自己的员工有信心,对市场行情有信心。因为只有相信,才能做到;怀疑了,就会动摇,会放弃,就很难全力以赴。

老板需要有危机意识

无论市场行情如何,老板时刻都要有一种危机意识。就拿大家平时使用的手机来说，在苹果手机出现之前，使用摩托罗拉和诺基亚手机的人几乎占了绝大多数。时至今日，以苹果手机为首的智能手机大举占领手机用户市场，摩托罗拉手机、诺基亚手机使用者几乎绝迹。

即便是BAT之一的腾讯公司，如果没有在2011年成功推出微信，也可能在随后的转型中遇到危机。现在网购已经成为一种普遍行为，如果还有谁不会在网上买东西，就会被认为落伍了。整个社会在变，市场行情也在变，企业家需要不断升级，不断提高自己的经营能力，不断提高自己的管理水平。

没有竞争就没有进步，没有淘汰就没有改变，没有危机就不会改变。比如，国内知名企业华为就时刻充满着危机意识。华为老总曾经写过一篇叫作《华为的冬天》的文章，文中谈及："十年来，我天天思考的都是失败，对成功视而不见，也没有什么荣誉感、自豪感，而是危机感。也许是这样，（华为）才存活了十年。我们大家要一起来想，怎样才能活下去，也许才能存活得久一些。失败这一天是一定会到来，大家要准备迎接。这是我从不动摇的看法，这是历史规律。"

老板有危机意识，才会把企业经营更好，才会想办法去改变调整，去适应变化莫测的市场环境。

> 没有竞争就没有进步，没有淘汰就没有改变，没有危机就不会改变。

老板要成为企业的"头狼"

　　老板，作为企业的操盘人、最高领导者，承担着企业发展壮大的使命，老板领导能力的提升关系着企业未来发展的命运。

　　一个优秀的老板必须有一批优秀的人才聚在周围。老板依靠自己是永远也做不大企业的，但凡能把企业做大的，没有一个是靠单打独斗成功的。领导者的价值是把跟随者都变成拥有领导力的人，老板的价值是把跟随者统统变成小老板，将企业变成小老板的集散地。

　　一群小老板跟随自己，自己就变成了企业的"头狼"，带领他们冲锋陷阵。老板是企业的榜样和表率，老板只有成为企业的"头狼"，才能打造出富有战斗力的狼性战队。

老板常用的四种领导方式

作为企业的领导者,老板在领导下属开展工作时候,会有两种领导行为倾向:一是指挥性行为,二是支持性行为。指挥性行为是一种自上而下的单向沟通方式,也就是领导说,下属听,包括5W1H(What、When、Where、Who、Why、How)。支持性行为不会给答案,会鼓励你、认可你,提升你的自信心,扩展团队成员的思维,鼓励你去冒险,想得更深入一些。

在具体的经营过程中,这两种行为会在每位老板身上或多或少地存在,不可能完全是指挥性行为,也不可能是绝对的支持性行为,只是表现的多寡不同而已。如果我们把这两种行为作为两个轴,就会得到一个象限,产生了四种领导方式,具体如图5-1所示。

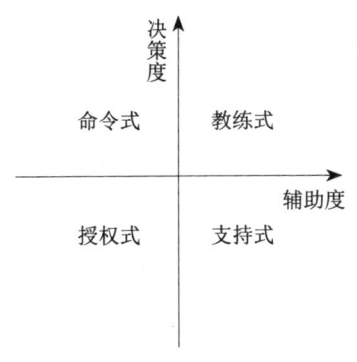

图5-1 四种不同团队领导方式

命令式

命令式也可叫作指挥式，命令式的领导指挥性行为偏强，支持性行为偏弱，一般适合中小企业。中小企业团队生产力低，但士气高涨，老板具有绝对权威，可以带领团队抢占生存空间，在对手林立的市场中杀出一条血路。

命令式的领导风格，从行为上来说，指挥的多，支持的少。他总是告诉你做什么，怎么做。从决定权来说，决定多半是由领导者自己做出的。从沟通上来说，多半是单向的沟通方式，也就是领导者说、下属听，自上而下。从监督的频率上来看，因为团队的生产力不太高，所以监督的频率也比较频繁。从解决问题的角度来看，命令式的领导者通常帮助团队成员解决大量的问题。

一般来说，刚成立的团队，领导者需要做的是帮助其发现问题，提供明确的职责和目标；通常明确指导团队产生行动计划，这套行动计划需要在指导下去完善；采取单向沟通，自上而下解决问题，控制决策；明确告诉成员他所期望的工作标准，及时跟踪反馈。

教练式

教练式的领导是一种双高阶段的领导模式。在这种领导模式中，指挥性行为和支持性行为是并重的。

教练式领导风格的特点：从行为上来看，要做到"双高"，即高指挥、高支持；从决策权来看，领导是在征求意见以后再做决定；从沟通上来说，是一种双向交流，并且提供反馈；从监督上来说，比命令式的次数要少，但不宜过少；从解决问题方面来看，建议领导者不必事必躬亲，要多依靠团队的核心人物，很多问题可以多征求下属员工的意见。

教练式的领导方式恰好对应的是团队发展的动荡期。此时，团队士气一般，生产水平一般。采用教练式领导方式的老板要做到以下几点：第一，要帮助团队成员看到问题，确认团队的问题在哪里；第二，要帮助团队设定这个阶段的目标；第三，说明决策的理由，并征求团队的建议，倾听团队成员的感受，促发大家的创意；第四，支持和推动团队的发展；第五，做最后的决定，并继续指导任务的完成。

支持式

支持式的领导方式是一种高支持、低指挥的领导方式，它对应的是稳定期的企业。此时，员工的士气会有起伏，企业的生产水平较高。从决策权来看，决定权已经慢慢向团队成员过渡；从沟通上来看，领导者多问少说，并且经常反馈，多听大家的意见；从监督次数来看，次数要减少，因为团队已经发展到一个比较高的水平。

采用支持式领导方式的老板要做到以下几点：第一，要让下属参与到问题的确认和目标的设定当中；第二，多问少说，虚心听取下属员工的意见，激励员工共同为企业的发展承担责任；第三，必要时提供一些资源、意见和保证；第四，老板和员工要共同参与决策的制定，分享决策权；第五，老板尽可能在下属无计可施的时候才出面，即使是复杂的问题也要先让团队成员自己试试看，否则会养成下属的依赖性心理。

授权式

授权式的领导指挥性行为比较少，支持性行为也比较少，是一种"双低"的领导行为。它最适合发展到一定阶段、生产水平较高、士气很好的企业。

授权式领导方式从行为上来说，是少指挥，少支持；决定权已经完全下放，但任何时候目标的最终决定权都在领导身上；从沟通方面来说，也是一种双向的交流，并及时提供反馈；从监督上来说，要尽可能少；从解决问题来说，鼓励团队成员自己解决。

通过授权式领导，团队真正实现分担领导权，做到集思广益，真正实现高绩效。

采用授权式领导方式的老板要做到以下几点：第一，跟下属共同界定问题；第二，与下属共定奋斗目标，增加下属的参与度；第三，行动计划由下属自己来做；第四，鼓励下属挑战高难度动作；第五，给团队适当的认可和奖励，为团队成员提供成为他人良师的机会；第六，定期检查和跟踪团队的绩效。

老板必须掌握的六大关键词

老板要成为最有魅力的领导者，需要掌握六大关键词：信任、授权、口才、舍得、榜样、价值。

> 老板要成为最有魅力的领导者，需要掌握六大关键词：信任、授权、口才、舍得、榜样、价值。

信任

我们发现，不少老板是从基层销售人员一步步做起来的，因此也常会将做销售时的一些方法和技巧用在企业管理上。这是再自然不过的事情。遗憾的是，很多老板会把做销售时一些不妥的做法也带到企业管理中。

比如，老板向员工许诺，进入企业工作后，如果完成哪个指标的任务，就给员工涨一定比例的工资。结果，当员工通过一段时间的努力，真的达到预定目标时，老板却把涨工资的事情放在脑后，假装没有这件事。这对员工来说是一个很大的打击。同时，也会爆发老板和员工之间的信任危机。

员工不信任老板，老板就没有威信；客户不相信老板，老板的生意就很难开展。信任是开展工作的前提条件。老板建立自己的信誉体系，需要长期的积累，但是毁掉信誉和信任，却是一件非常容易的事情。所以，老板提升自己的领导力，必须让大家信任你，让员工信任你，让客户信任你，让朋友信任你。

授权

企业要做大做强，企业老板必须学会授权。授权并不是把所有权力让出去，自己做甩手掌柜，而是在企业发展过程中，逐步培养核心管理人才，逐步释放管理权力。当企业还没有发展到一定阶段，核心人才还没有成长到独立担当重任的时刻，老板不可授权太快。

当然，人才都是提拔出来的。作为企业老板，需要有慧眼识英的才能，选准优秀人才，提拔培养，然后慢慢将权力下放给他，推动他成长。

口才

一个口才好的人说出的话大都能拨动人的心弦，如同具有魔力一般，操纵人们的情绪。老板口才好，可以感染调动员工，激发动力。老板需要训练好的口才，就需要多上台演讲，加强人与人之间的沟通，多多参加口才训练营，加强自我训练等。

舍得

老板要始终明白，不可能赚到企业所有的钱，只有舍才能有得。老板敢舍、会舍，那么员工就有斗志，就愿意跟随；老板如果对员工斤斤计较，只会让员工离心离德。

榜样

老板应该成为企业员工学习和标榜的楷模，因此老板的一言一行，都必须体现出领导者应有的魅力。当员工都以老板为榜样时，老板就真正成为企业的灵魂和精神支柱，会形成一种强大的推崇文化，帮助企业战胜一切困难。

价值

老板作为企业领导者，一定要善于发现价值——善于发现员工的价值，挖掘客户的价值。善于发现价值的老板，才会得到拥戴，才会有更多人愿意付出，贡献智慧，才会从内心深处影响员工。

优秀企业家的狼性特质

古今中外，很多优秀的领导者都具备狼性，他们目标明确，内心强大，敢作敢为。高手都是"内狼外羊"，"披着羊皮的狼"，在外表上能展现柔顺、和谐的一面，在内心却拥有刚强、坚毅的一面。

那么狼性领导者具备哪些特质呢？

敏锐的嗅觉

狼性领导者嗅觉敏锐，善于捕捉机会。在大草原上，狼似乎无时无刻不在注视着它们的主要目标——羊或羊群，窥视着羊的活动规律甚至牧羊者的状况，一有机会，马上出击。难怪人们常常将觊觎者形容为"恶狼似的眼睛"。在商界，从行业的发展到战略的制定，从价格的变动到竞争者的动静，也无时无刻不需要这种"眼观六路，耳听八方"的狼性领导者。

明确的目标

狼具有明确的目标，不会被周围的诱惑左右，一旦锁定目标，决不放弃。狼性领导者也需要制定清晰的目标，为实现目标调动一切可利用的资源，为我所用。同时，狼性领导者有自己的短期目标，更有长远的规划。

勇往直前的进攻精神

狼性领导者具备进取心和攻击性，且不轻言失败。狼袭击羊时，常常是死死咬住，不会轻易放弃。狼并不是咬死一只羊饱腹而已,而是在最短的时间里,能捉到多少就去捉多少。这种进攻精神能帮助广大中小企业脱颖而出,摆脱竞争对手的束缚。

群体奋斗

狼很少单独出没,总是团队作战,所以才有"猛虎还怕群狼"之说。在竞争日益激烈的市场上,团队精神的威力越来越受到重视,这是很多企业家尊崇狼性文化的又一个缘由。

高超的生存智慧

狼性领导者要善于发现价值,学会借力、借势,顺势而为,以高瞻远瞩的眼光、强大的影响力和号召力,带领团队奋力厮杀,闯出一条血路。

老板如何成为企业的"头狼"

对于广大的中小企业来说,企业必须具备狼性,才能在激烈竞争的市场中杀出一条血路,赢得生存与发展的机会。老板是企业的"头狼",需要带领团队走出企业发展的困境,打造自身的狼性领导魅力。

要打造一支狼性的团队,狼性领导者必须具备以下特质。

大胆、果敢、放得开

这个世界上并不是懂得多的人就一定会成功。并不是说知识不重要，而是说，与之相比，性格尤其是胆量往往更重要，这也是老板与普通人的区别所在。

我们只有脱掉身上唯美的外衣，才能活得更洒脱。做领导者也是一样，事情本身没有那么复杂，因为你想得太复杂，才把问题搞得复杂；关系本来没有那么可怕，脑袋想得太多，才把关系搞得复杂。

心境要平和，状态要饱满

实际上，我们每个人都有能力，关键是能否把能力彰显出来。如果没有状态，彰显能力就会比较困难。能量和状态就像你脖子上的枷锁。有状态，枷锁就被打开了，内在能量像喷泉一样往外喷发；当你没有状态的时候，等于枷锁卡死了，内在能量无法流淌。

一个人有没有钱不重要，重要的是能让别人感觉到你很有钱；一个老板能不能把团队带好，这很难说，但是至少要有一条，即让别人感觉跟着你干有未来、有奔头。

我以前去银行做咨询，发现员工电脑屏风比人还高，站起来都看不到对方，我问主管为什么把屏风做得这么高？他说搞得太矮了，他们打电话会相互干扰。我说要的就是干扰，为什么呢？很简单，我打电话声音很大，你听不清楚，对方就得把声音提高；对方把声音提高了，我就得跟着提高，这样全公司都在疯狂地打电话。

带团队带的是一种状态、一种气氛。今天面对"95后""00后"员工，企业老板在非工作时间要带领大家进入真诚、平等、自然、大胆的状态，在工作的时间带领大家进入高效、紧张、严肃、严谨的状态，在面对困难和挑战的时候，要有大无畏的精神，要有敢为天下先的精神。不管在什么情况下，都要保持心境平和，状态巅峰，藐视挑战，笑看问题。

问题是成长的最好营养品

在企业的日常经营中，我们经常会遇到问题，有麻烦、有问题都很正常，人这一辈子都是活在问题中，活在麻烦之中的，人们因问题而进步，组织因问题而成长，社会因问题而进化。问题是人成长最好的营养品，问题是人成长的楼梯。

人只要不改变自己，就永远会处于烦的状态，具体到企业经营方面，企业越大，问题越多。小企业可能今天还好好的，明天就因为资金链断裂而"死"掉了。等过一段时间，老板找到了资金，又会重新开张。而大企业一旦倒下，就很难再爬起来。

就像小孩子穿衣服，经常会有问题，一会儿小了，一会儿脏了，一会儿破了。正因为问题众多，所以行业内的"空白"也不少，企业所能获得的机会也更多。一个狼性领导者必须有这样的思维方式：越是高手应该越喜欢问题，解决一个问题就成长一次，解决一个问题就锻炼一次。

举个简单的例子。一位老农牵着一头毛驴走在田边。一不小心，毛驴掉进一口枯井里。老农想尽办法，用棍棒绳子去救它，可毛驴始终卡在中间，上不来。失败了几次之后，老农决定还是不要折腾了，就找了一个人向井里填土。填着填着，没想到，毛驴的耳朵就露出来了。不久之后，毛驴竟然自己跳出了井口。

这是怎么回事呢？最后，老农才发现：原来，填土的时候，土落在毛驴背上，它轻轻一抖，土就滑到毛驴的脚底下，然后抬腿。上面继续扔土，毛驴继续抖，继续抬腿，所有打在毛驴身上的土看起来都是麻烦、灾难、问题，经过毛驴一转化，却成了成功的垫脚石。

与客户发生深度联系

狼性领导者必然是一个善于处理人际关系的高手。一开始客户和我们没有任何关系，也与我们并不熟悉，甚至会不喜欢我们，但狼性领导者需要"无中生有"，让客户与我们产生深度联系。而"无中生有"不仅是修炼狼性领导者的重要因素，也是企业生存的必备要素。到底怎样才能做到"无中生有"呢？这就需要老板不断地为客户创造价值。所谓"无中生有"就是在不断为他人创造价值的过程中实现的。

第 5 章
涨格局：老板的高度决定企业的高度

重点提示

老板是企业的顶层设计师，是企业发展的总规划师，老板能否自我成长决定着企业能走多远。老板与别人不一样，并不是老板个人业务能力有多强，而是老板有远大的梦想、坚定的信念、宽广的胸怀，更重要的是老板敢想敢做。

为此，老板需要甩开沉重的思想包袱，需要经营自己的胆识，需要经营自己的心境，需要经营自己的信心，更需要有危机意识。